Testament — Erbschaft

Benno Studer

Testament
Erbschaft

Ein Ratgeber aus der Beobachter-Praxis

Beobachter
RATGEBER

Der Autor, Dr. Benno Studer, ist Fürsprecher und Notar
in Laufenburg AG.
Zahlreiche Ergänzungen zum Text verfasste Dr. Philippe Ruedin,
Beobachter-Redaktor, der auch das Lektorat besorgte.

Beobachter-Buchverlag 1985
10., aktualisierte Auflage 1995
© Jean Frey AG, Zürich

Herausgeber: Der Schweizerische Beobachter, Zürich
Gesamtredaktion: Käthi Zeugin, Zürich
Umschlag: Benker & Steiner, Zürich/Foto:
Michael von Graffenried, Bern
Gestaltung: Peter Zeugin, Zürich

ISBN 3 85569 120 7

Inhalt

Erben haben nichts zu lachen

Bis sie endlich zu ihrem Geld kommen, hat der Friedhofsgärtner längst schon die verwelkenden Kränze auf dem Grab des Verstorbenen durch Efeu und Cottoneaster ersetzt. Über gar viele Fragen müssen sich Erbinnen und Erben den Kopf zerbrechen: Welches Vermögen gehört dem überlebenden Ehegatten, welches fällt in den Nachlass? Gilt der Ehevertrag oder können ihn die Kinder anfechten? Wem steht wieviel zu? Wie ist das mit den Geschwistern – erben sie oder erben sie nicht? Wer erhält die Liegenschaft mit Umschwung und – vor allem – zu welchem Preis? Geht die Versicherungssumme direkt an den Begünstigten? Muss sich der geschäftstüchtige Bruder das Ingenieurstudium anrechnen lassen?

Dieses Buch will Erbinnen und Erben helfen. Es soll in all jenen Fällen Auskunft geben, in welchen sich erfahrungsgemäss Fragen stellen. Knapp, aber zuverlässig. Und auch jenen, die sich schon zu Lebzeiten über die Regelung ihres Nachlasses Gedanken machen, will es ein nützlicher Ratgeber sein.

Die fachliche Beratung kann das Buch nicht ersetzen. Bei schwierigen Rechtsfragen oder heiklen Erbteilungen ist es ratsam, einen Anwalt, einen Notar oder erfahrenen Treuhänder beizuziehen. Wann brauche ich fremde Hilfe? Auch diesen Entscheid will der vorliegende Ratgeber erleichtern.

Benno Studer

Wichtiger Hinweis: Am 1. Januar 1988 ist das neue Ehe- und Erbrecht in Kraft getreten. Die ersten Kapitel dieses Buches behandeln ausschliesslich das neue Recht. Für das alte Recht und dessen Anwendung wurde, um den Zugriff zu erleichtern, das Kapitel 11 geschaffen.

Aus Gründen der Einfachheit und besseren Lesbarkeit haben wir darauf verzichtet, überall die weibliche Form mit auszuschreiben; sie ist in der männlichen selbstverständlich eingeschlossen.

Zeichenerklärung:

♂ Mann
♀ Frau
○ männlich oder weiblich
▲ Erblasser oder Erblasserin
△ vorverstorben

1. Kapitel

Kein Testament:
Wer erbt wieviel?

*«Es ist leichter zu erben,
als durch eigene Arbeit erwerben.»*

Rätoromanisches Sprichwort

Das Gesetz als Lückenbüsser

Viele Leute sterben, ohne ein Testament zu hinterlassen. Sie schieben die Regelung ihres Nachlasses immer wieder auf— bis es zu spät ist. Deshalb muss das Gesetz bestimmen, wer in diesem Fall Erbe oder Erbin sein soll. In vielen Fällen deckt sich die Regelung des Gesetzes mit dem mutmasslichen Willen der Verstorbenen.

Stirbt eine Person, ohne ihren «letzten Willen» erklärt zu haben, kommen folgende Personen als Erben in Betracht:

- die Verwandten
  (Nachkommen, Eltern, Geschwister etc.)
- der Ehegatte oder die Ehegattin
- das Adoptivkind
- das aussereheliche Kind
- der Kanton oder die Gemeinde

Das Gesetz bestimmt, wer von diesen Erben wann zum Zuge kommt und mit welchem Anteil er erbt. Daher kommt der Ausdruck **gesetzliche Erben**.

Erbe kann aber auch jeder Dritte werden. Allerdings muss der Erblasser, d. h. die Person, die beerbt wird, diesen Dritten als Erben ausdrücklich bestimmen. Dies geschieht durch Testament oder Erbvertrag.

In diesem Fall spricht man von **eingesetzten Erben**. Mit einer solchen Verfügung können selbstverständlich auch gesetzliche Erben (z. B. die Gattin) zusätzlich begünstigt werden.

Die 81jährige Marie-Louise P. wohnt in einem Altersheim. Sie macht sich Sorgen: «Ich bin alleinstehend und besitze nur noch eine um zehn Jahre jüngere, verheiratete Schwester. Wie kann ich verhindern, dass der Staat alles erbt? Muss ich ein Testament abfassen, damit meine Schwester und später auch meine Nichten und Neffen zum Zuge kommen?»

Marie-Louise P. kann ruhig schlafen: So schnell wird der Staat nicht Erbe. Auch wenn sie kein Testament hinterlässt, erhält ihre Schwester den Nachlass – nach dem Recht der gesetzlichen Erbfolge. Überlebt Marie-Louise P. gar ihre jüngere Schwester, kommen die Nichten und Neffen zum Zug.

Die Stammesordnung

Aufgrund der sogenannten *Stammesordnung* lässt sich bestimmen, in welcher Reihenfolge Verwandte erben können. Das Gesetz unterscheidet drei Hauptstämme (auch Parentelen genannt):

- Stamm des Erblassers
- Stamm der Eltern
- Stamm der Grosseltern

Der *Erblasser* gilt als *Stammeshaupt*. Er hat *Vorfahren*, seine Eltern, Grosseltern etc., und *Nachkommen*, Kinder, Enkel etc. Diese Verwandtschaft wird in drei Stämme eingeteilt.

Der Stamm geht nie vom Ehepaar aus, sondern immer vom weiblichen oder männlichen Erblasser. Es gibt daher zwei elterliche, vier grosselterliche und acht urgrosselterliche Stämme. Innerhalb des Stammes kann wiederum eine Untergliederung eintreten, wenn ein Kind heiratet, Nachkommen hat und so einen eigenen Stamm bildet.

Die Erbberechtigung der Verwandten hört nach neuem Recht mit dem Stamm der Grosseltern (dritter Stamm) auf.

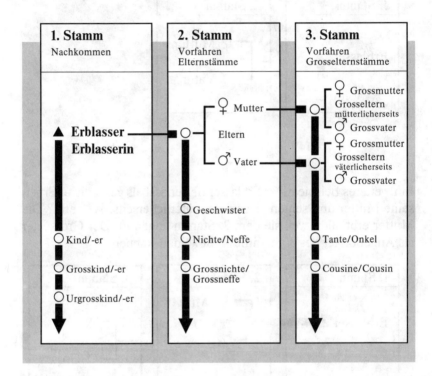

Die erbrechtlichen Grundregeln

Mit Hilfe der folgenden vier Grundregeln lassen sich auch scheinbar verzwickte Erbenverhältnisse beinahe mühelos entwirren. Die Aufzeichnung der Verwandtschaft in einem Schema ist das beste Hilfsmittel zur korrekten Lösung.

1. Grundregel   Der nähere Stamm schliesst den entfernteren vom Erbrecht aus.

13

Ein Beispiel: Der Vater stirbt, er hinterlässt einen Sohn und seine Eltern. Wer erbt? Der Sohn erbt alles, weil er dem 1. Stamm angehört. Die Eltern gehören dem 2. Stamm an und gehen daher leer aus.

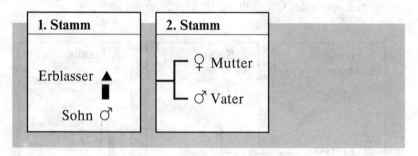

Ein weiteres Beispiel: Der Erblasser hinterlässt als gesetzliche Erben seine Mutter und seinen Grossvater väterlicherseits. Wer erbt? Die Mutter erbt alles, weil sie dem 2. Stamm angehört. Der Grossvater als Angehöriger des 3. Stammes erbt keinen Rappen.

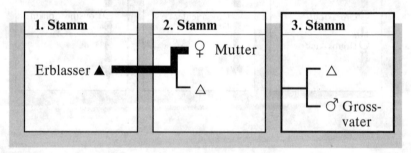

2. Grundregel   Ist ein Elternteil vorverstorben, treten die Nachkommen an dessen Stelle.

Beispiel: Die Erblasserin hinterlässt zwei Söhne. Die Tochter ist vorverstorben. Aus ihrer Ehe sind drei Nachkommen hervorgegangen. Wer erbt? Die beiden Söhne je ⅓; die drei Nachkommen der vorverstorbenen Tochter zusammen ebenfalls ⅓ (an Stelle ihrer Mutter).

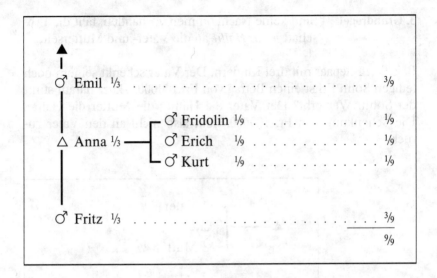

Wäre beispielsweise der Sohn Fritz ebenfalls vorverstorben und hätte vier Nachkommen hinterlassen, würden diese an Stelle ihres Vaters erben. Wäre zudem noch der Enkel Fridolin vorverstorben und hätte zwei Nachkommen hinterlassen, ergäbe sich folgendes Bild.

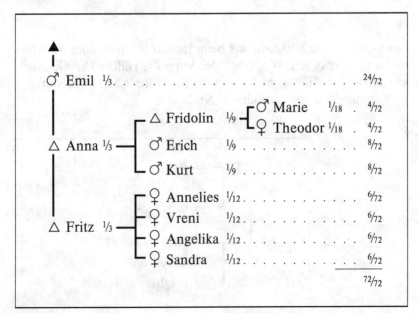

15

3. Grundregel   Sind keine Nachkommen vorhanden, fällt die Erbschaft *je zur Hälfte* an die Vater- und Mutterseite.

Beispiel: Ehepaar mit drei Kindern. Der Vater schenkt seinem noch
ledigen Sohn Ernst einen Betrag von Fr. 100000.-, kurz darauf stirbt
der Sohn. Wer erbt? Der Vater die Hälfte; die Mutter die Hälfte.
Die Schenkung von Fr. 100000.- fällt also nicht an den Vater zu-
rück.

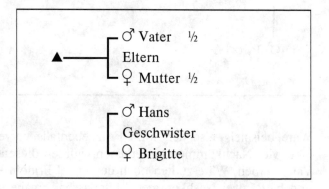

Beispiel: Gleiche Situation wie beim letzten Beispiel, aber die Mutter ist vorverstorben. Wer erbt? Der Vater die Hälfte. Die Geschwister die andere Hälfte, weil sie an die Stelle ihrer Mutter treten; ein
Anwendungsfall von Grundregel Nr. 2.

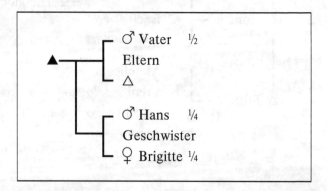

4. Grundregel Solange bei einem der beiden grosselterlichen Stämme der einen Seite noch Angehörige dieses Stammes vorhanden sind, gilt ebenfalls die Teilung nach Hälften. Erst wenn bei keinem der beiden grosselterlichen Stämme der einen Seite Angehörige vorhanden sind, erbt die andere Seite alles.

Beispiel: Der Erblasser hinterlässt als Erben eine Grossmutter mütterlicherseits und seine Grosseltern väterlicherseits. Wer erbt? Die Grossmutter mütterlicherseits die Hälfte; die Grosseltern väterlicherseits die andere Hälfte.

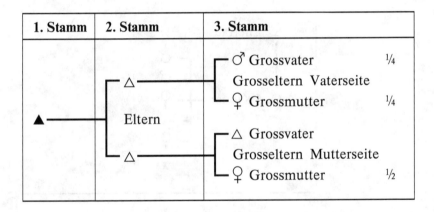

1. Stamm	2. Stamm	3. Stamm
▲	Eltern	♂ Grossvater ¼ Grosseltern Vaterseite ♀ Grossmutter ¼ △ Grossvater Grosseltern Mutterseite ♀ Grossmutter ½

Der überlebende Ehegatte als Erbe

Der Ehegatte oder die Ehegattin zählt immer zu den Erben, wobei Mann und Frau einander völlig gleichgestellt sind. In Konkurrenz mit anderen Erben gilt als Regel:

- Je näher die anderen Erben, desto kleiner der Erbteil.
- Je entfernter die anderen Erben, desto grösser der Erbteil.

Die Grösse des Erbteils des überlebenden Ehegatten richtet sich somit ebenfalls nach der uns bekannten Stammesordnung.

Ehepaare mit Kindern

Der überlebende Ehegatte erhält *die Hälfte* zu Eigentum. Die Nachkommen erhalten somit die andere Hälfte zu Eigentum.

Beispiel: Der Erblasser hinterlässt seine Ehefrau und seine beiden Söhne. Es erben: die Ehefrau ½, die Söhne je ¼.

Hinterlässt der Erblasser fünf Nachkommen, ändert sich an der Quote der überlebenden Ehefrau nichts. Die Nachkommen teilen sich die andere Hälfte.

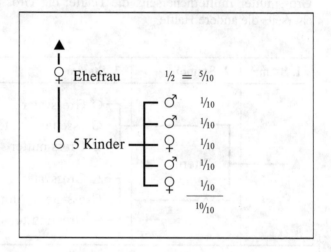

«Ich habe viele Jahre in der Fabrik gearbeitet, damit wir unsere siebenköpfige Familie durchbringen konnten. Nachdem mein Mann überraschend an einem Herzinfarkt gestorben ist, fordern die Kinder ihren Erbteil. Können sie dies wirklich?»

Gesetz ist Gesetz: Die Kinder können auf ihren Erbteil pochen, selbst wenn der überlebende Ehegatte dadurch in finanzielle Schwierigkeiten kommt. Viele Ehepaare übersehen jedoch, dass vor der Erbteilung eine sogenannte güterrechtliche Auseinandersetzung vorgenommen werden muss. Sie bestimmt, was der überlebende Gatte oder die Gattin vorweg beanspruchen kann und was als übriges Vermögen den Nachlass des Verstorbenen bildet. Der überlebende Ehegatte erhält so häufig mehr, als es auf den ersten Blick den Anschein hat (vgl. S. 71).

Was geschieht mit dem Haus?

Befindet sich in der Erbschaft ein Haus oder eine Eigentumswohnung, worin die Eheleute gelebt haben, so kann die überlebende Seite verlangen, dass ihr daran das *Eigentum* zugeteilt werde, auf Anrechnung an ihren Erbteil. Gleiches gilt für den Hausrat.

Zur Milderung oder Vermeidung finanzieller Härten kann der überlebende Ehegatte statt dessen auch verlangen, dass ihm die *Nutzniessung* oder das *Wohnrecht* eingeräumt werden.

Allerdings entscheidet im Streitfall der Richter, ob überhaupt (das Gesetz sagt: *«Wo die Umstände es rechtfertigen.»*) und wenn ja, ob eine Nutzniessung oder ein Wohnrecht zugesprochen wird. Dies deshalb, weil auch die Interessen der Miterben zu berücksichtigen sind.

	Nutzniessung	**Wohnrecht**
Verfügungsrecht	keines	keines
Nutzung	selber nutzen oder vermieten	nur selber nutzen
Kosten	gewöhnlicher Unterhalt, Hypothekarzinsen, Steuern und Abgaben, Versicherungsprämien	nur gewöhnlicher Unterhalt

Für die Anrechnung der Nutzniessung oder des Wohnrechts in der Teilungsrechnung ist auf den mutmasslichen jährlichen Ertrag, der notfalls durch einen Liegenschaftsexperten zu schätzen ist, abzustellen. Dieser Ertrag ist mit der durchschnittlichen Lebensdauer zu kapitalisieren (vgl. Tabelle S. 208).

Ausnahme: Die Möglichkeit des Eigentums, der Nutzniessung oder des Wohnrechts besteht nicht bei Geschäftsräumlichkeiten, die ein Nachkomme zur Weiterführung des väterlichen (oder mütterlichen) Betriebes benötigt. Sofern bei einem Landwirtschaftsbetrieb nur eine Betriebsleiterwohnung vorhanden ist, kann sich der überlebende Partner ebenfalls *nicht* auf diese Rechte berufen.

Das Erbrecht der Verwandten

Viele kinderlose Ehegatten übersehen, dass sie den Nachlass ihres verstorbenen Partners unter Umständen mit dessen Eltern, Geschwistern oder mit deren Nachkommen teilen müssen. Abhilfe kann in diesem Fall nur eine letztwillige Verfügung oder ein Ehevertrag schaffen. Neben Erben des elterlichen Stammes erhält der überlebende Ehegatte *drei Viertel* der Erbschaft zu Eigentum.

Die Erben des elterlichen Stammes, d. h. die Eltern oder, wenn ein oder beide Elternteile verstorben sind, die Geschwister des Erblassers, erhalten somit ¼ des Nachlasses zu Eigentum.

Beispiel: Fritz Meier hinterlässt seine 56jährige Ehefrau Anna, seine Mutter und drei Geschwister. Aus der Ehe sind keine Kinder hervorgegangen. Es erben: Die Ehefrau erbt ¾. Die Mutter erhält die Hälfte von ¼ = ⅛. Der restliche ⅛ geht an die Geschwister des Erblassers.

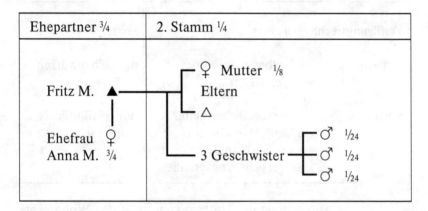

Ehepartner ¾	2. Stamm ¼
Fritz M. ▲ ─── ┌ ♀ Mutter ⅛ Eltern └ △	
Ehefrau ♀ Anna M. ¾ └─── 3 Geschwister ─ ┌ ♂ ¹⁄₂₄ ♂ ¹⁄₂₄ └ ♂ ¹⁄₂₄	

Sind neben dem überlebenden Ehegatten nur noch Erben des grosselterlichen Stammes vorhanden, fällt der ganze Nachlass an den überlebenden Ehegatten.

Das Adoptivkind

Das neue Adoptivrecht (seit 1. April 1973) kennt nur noch die *Volladoption*. Dies bedeutet:

- Adoptivkinder sind eigenen Nachkommen in erbrechtlicher Beziehung absolut gleichgestellt!
- Das Erbrecht zur angestammten Familie erlischt durch die Adoption.

Beispiel: Die Mutter ist gestorben. Sie hinterlässt den Ehemann sowie ein unmündiges Kind. Ihr Vater lebt noch.

Nach einiger Zeit heiratet der überlebende Ehemann eine Witwe mit zwei Kindern. Die Ehegatten adoptieren gegenseitig die Kinder des Ehepartners.

Nach der Adoption stirbt der Vater der ersten Ehefrau (oder aus der Sicht des unmündigen Kindes dessen Grossvater). Neben seiner vorverstorbenen Tochter hatte er noch zwei Söhne. Wer erbt? Die beiden Söhne alles. Der Enkel erbt nichts, obwohl er nach der Grundregel 2 an die Stelle seiner Mutter treten würde. Die Adoption hat die erbrechtlichen Bande zum Grossvater durchschnitten.

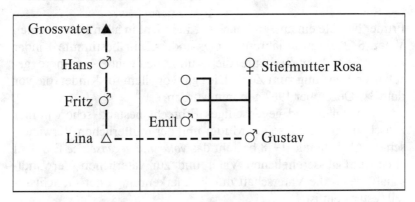

Wäre Emil von seiner Stiefmutter Rosa nicht adoptiert worden, würde er an Stelle seiner Mutter treten und mit seinen Onkeln Hans und Fritz je einen Drittel erben. (Das Beispiel liesse sich auch auf die Nachkommen der Rosa anwenden, die von Gustav adoptiert wurden.)

Adoptionen, die *vor* dem 1. April 1973 ausgesprochen wurden, sogenannte *altrechtliche* Adoptionen, konnten während einer Frist von
fünf Jahren – bis zum 31. März 1978 – dem neuen Recht unterstellt werden. Wurde von dieser Unterstellung nicht Gebrauch gemacht, gilt: Massgebend ist der *Adoptionsvertrag.* Darin konnte vom
gesetzlichen Erbrecht beliebig abgewichen werden (z. B. Ausschluss
des Erbrechts).

Wurde im Adoptionsvertrag keine erbrechtliche Regelung getroffen, gilt für altrechtliche Adoptionen:

● Das Adoptivkind behält sein Erbrecht zur angestammten Familie. Am Nachlass der Adoptiveltern, nicht aber deren weiterer
Blutsverwandten, besitzt es das Erbrecht.

● Den Adoptiveltern steht am Nachlass des Adoptivkindes kein
Erbrecht zu.

Das aussereheliche Kind

Früher beerbte ein ausserehliches Kind nicht in allen Fällen seinen
Vater. Seit ein paar Jahren ist dies anders. Für bestimmte Kinder
kommt jedoch noch heute die – unbefriedigende – frühere gesetzliche Regelung zum Zuge. Dies gilt vor allem für Kinder, die vor
dem 31. Dezember 1967 geboren wurden.

Ein volles und gegenseitiges Erbrecht bestand schon immer
zwischen dem Kind, seiner Mutter und der mütterlichen Verwandtschaft. Ab 1. Januar 1978 besteht das *volle und gegenseitige* Erbrecht
auch zum ausserehelichen Vater und zur väterlichen Verwandtschaft, wenn die Vaterschaft durch Anerkennung oder Gerichtsur-
teil festgestellt ist.

. Nach dem alten Recht beerbte das ausserehliche Kind seinen
Vater nur, wenn es diesem *mit Standesfolge* zugesprochen wurde.
Die reine «Zahlvaterschaft» begründete kein erbrechtliches Verhältnis zum Vater. Auch mit Standesfolge anerkannte Kinder erhielten nur die Hälfte ihres Erbteils, wenn sie in Konkurrenz mit ehelichen Kindern oder deren Nachkommen standen.

Das frühere Recht gilt noch heute für Kinder, die vor dem ersten Januar 1978 geboren wurden und deren Zahlvaterschaft nicht dem neuen Recht unterstellt wurde. Bis zum 31. Dezember 1979 konnten alle Kinder, die nach dem 31. Dezember 1967 geboren wurden, auf Feststellung des Kindesverhältnisses nach neuem Recht klagen.

Halb- oder Stiefverwandtschaft

Mit Ausnahme des Adoptivkindes und des Ehegatten besitzen nur Blutsverwandte einen gesetzlichen Erbanspruch. Angeheiratete Familienmitglieder gehen leer aus. Genau so wenig können sich Stiefkinder und Stiefeltern gegenseitig beerben. Halbverwandte erben also nur in der Linie des Stammhauptes, über welches sie mit dem Erblasser blutsverwandt sind.

Aus der ersten Ehe des Erblassers gingen drei Kinder hervor. Nach dem Tod seiner ersten Ehefrau verheiratete sich der Mann wieder. Der zweiten Ehe entsprossen zwei Kinder. Die zweite Ehefrau ist ebenfalls vorverstorben. Wer erbt? Die fünf Nachkommen des Vaters (unter sich Geschwister und Stiefgeschwister) erben zu gleichen Teilen je ⅕.

Hingegen haben die Nachkommen aus erster Ehe kein Erbrecht am Nachlass der zweiten Ehefrau; die Nachkommen aus zweiter Ehe haben kein Erbrecht am Nachlass der ersten Ehefrau.

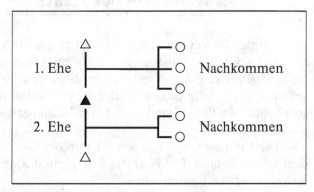

Beispiel: Gleiche Situation. Die Eltern sind aber vorverstorben. Es stirbt der ledige Sohn aus zweiter Ehe. Er hinterlässt einen Bruder und drei Stiefbrüder. Wer erbt? Der Bruder erbt vorerst einmal die mütterliche Hälfte aus

Grundregel 3:   Die Eltern erben nach Hälften.
Grundregel 2:   Der Nachkomme tritt an Stelle seiner Mutter.

An der anderen, der väterlichen Hälfte ist der Bruder zu einem Viertel (oder aufs Ganze gesehen zu ⅛) erbberechtigt aus

Grundregel 3:   Der Vater erbt die Hälfte.
Grundregel 2:   Die Nachkommen (also die vier Söhne) treten an seine Stelle.

Es erben somit:
die drei
Stiefbrüder ⅜
(je ⅛) und
der Bruder ⅝.

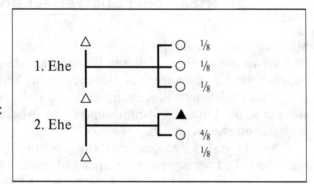

Wann erbt der Staat?

Je entfernter die Verwandten, desto mühseliger die Suche nach den Erben. Irgendwann muss es mit dem gesetzlichen Erbrecht ein Ende haben. Die Fälle, in welchen der Staat zum Erben wird, sind jedoch äusserst selten. So schnell machen Kanton und Gemeinde somit nicht die hohle Hand, von den Erbschaftssteuern einmal abgesehen.

Die Erbfolge endet mit dem Stamm der Grosseltern, also mit dem dritten Stamm. Der Nachlass fällt, je nach Kanton, an die Gemeinde oder den Kanton selber.

24

Auf einen Blick: Wer erbt wieviel?

	Quote	Hinterlassene
Erblasser/in: ledig, geschieden oder verwitwet, kinderlos	je ½	beide Eltern
	½ ½	ein Elternteil (Beispiel 1) Geschwister
	½ ½	ein Elternteil (Beispiel 2) Geschwister und Nachkommen (Nichten/Neffen erben Quote vorverstorbener Geschwister)
	1/1 -	ein Elternteil Verwandte des verstorbenen Elternteils
	1/1	Geschwister
	1/1	Geschwister und Nachkommen (Nichten/Neffen erben Quote vorverstorbener Geschwister)
	½ ½	Onkel/Tante, Mutterseite (Beispiel 3) Onkel/Tante, Vaterseite (Cousin/Cousinen erben Quote der Vorverstorbenen)
Erblasser/in: ledig, geschieden, verwitwet, mit Kindern	1/1	Kinder
Erblasser/in: verheiratet oder getrennt, mit Kindern	½ ½	Ehegatte/in (Beispiel 4) Kinder
Erblasser/in: verheiratet oder getrennt kinderlos	¾ je ⅛	Ehegatte/in beide Eltern
	¾ ⅛ ⅛	Ehegatte/in ein Elternteil Geschwister
	¾ ⅛ ⅛	Ehegatte/in (Beispiel 5) ein Elternteil Geschwister und Nachkommen vorverstorbener Geschwister

Quote	Hinterlassene
¾	Ehegatte/in
¼	ein Elternteil
-	Verwandte des vorverstorbenen Elternteils
¾	Ehegatte/in
¼	Geschwister
¾	Ehegatte/in
¼	Geschwister und Nachkommen (Nichten/Neffen erben Quote vorverstorbener Geschwister)
⅟₁	Ehegatte/in
-	Onkel, Tante, Cousin und Cousine

Anmerkung: Die gesetzliche Erbfolge kommt zum Zug, wenn der Erblasser keine anderslautende letztwillige Verfügung hinterlässt.

Beispiel 1: Die Erblasserin ist ledig und kinderlos. Sie besitzt noch einen Vater und vier Geschwister. Es erben: der Vater ½ und jedes der Geschwister ⅛.

Beispiel 2: Der Erblasser ist verwitwet und kinderlos. Er besitzt noch einen Vater, zwei Geschwister und drei Nachkommen eines vorverstorbenen Bruders. Es erben: der Vater ½, die Geschwister je ⅙ und die Nachkommen des Vorverstorbenen je ⅟₁₈.

Beispiel 3: Der Erblasser ist ledig und kinderlos. Er besitzt einen Onkel väterlicherseits sowie eine Tante, einen Onkel und drei Cousinen (Nachkommen einer zweiten Tante) mütterlicherseits. Es erben: der Onkel väterlicherseits ½, Onkel und Tante mütterlicherseits je ⅙ und die Cousinen je ⅟₁₈.

Beispiel 4: Die Erblasserin ist verheiratet. Sie besitzt zwei Kinder sowie zwei Enkelkinder eines vorverstorbenen Kindes. Es erben: der Ehegatte ½, die Kinder je ⅙ und die Enkelkinder je ⅟₁₂.

Beispiel 5: Die Erblasserin ist verheiratet und kinderlos. Sie besitzt einen Elternteil, zwei Geschwister sowie zwei Nachkommen zweier vorverstorbener Geschwister. Es erben: der Ehegatte ¾, der Elternteil ⅛, die Geschwister ²⁄₃₂ (je ⅟₃₂) und die Nachkommen der Geschwister ²⁄₃₂ (je ⅟₃₂).

2. Kapitel

Wie regle ich meinen Nachlass?

«Wo Geld ist, da ist der Teufel;
wo keins ist, da ist er zweimal!»

Sprichwort

Das eigenhändige Testament

Wer einem Erben mehr oder weniger zukommen lassen möchte, als dieser nach Gesetz erhalten würde, wer sich mit dem Gedanken trägt, eine wohltätige Institution zu begünstigen, wer einen Gegenstand einer bestimmten Person zuhalten will, muss eine letztwillige Verfügung treffen. Am einfachsten und billigsten geschieht dies durch ein eigenhändiges Testament.

Das eigenhändige Testament muss von Anfang bis zum Schluss
- eigenhändig und handschriftlich (keine Schreibmaschine!) niedergeschrieben werden,
- mit Ort und Datum versehen und
- unterzeichnet sein.

Eigenhändige Testamente geben oft Anlass zu Erbstreitereien. Formfehler, Pflichtteilsverletzungen, unklare Ausdrucksweise und Widersprüche sind die Hauptgründe. Eigenhändige Testamente, besonders wenn sie kompliziert sind, sollte man durch Fachleute überprüfen lassen.

«Im Testament meiner Gotte steht: ‹Alle meine Möbel sowie das Geschirr gehen an mein Gottenkind.› Erhalte ich jetzt auch die kostbare chinesische Standvase?»

Der Teufel sitzt im Detail

«Im Testament meines Grossvaters steht der Vermerk: ‹Errichtet im Dezember des Jahres 1952›. Der genaue Tag ist nicht angegeben. Ist das Testament gleichwohl gültig?» Die Gerichtspraxis ist, was die Form der Testamente betrifft, ausserordentlich streng. Fehlt das genaue Datum, so ist eine letztwillige Verfügung anfechtbar. Gleiches gilt, wenn sie eine nachweislich falsche Orts- und Zeitangabe enthält. Nachträgliche Testamentszusätze müssen deshalb gleichfalls mit Ort, Datum und Unterschrift versehen werden.

Es wird gefordert, dass der genaue Tag erkennbar ist (Jahr, Monat und Tag). Gültig ist aber auch jeder andere *sichere* Hinweis, wie zum Beispiel: «Am Sankt Martinstag» oder «am Todestag meines Vaters».

Bei der Ortsangabe genügt die politische Gemeinde auch ohne Postleitzahl. Nähere Kennzeichnungen wie Strasse, Quartier sind nicht nötig. Gültig sind auch Testamente, welche die Gemeinde zwar nicht erwähnen, eine Bestimmung des Ortes aber ohne Zweifel möglich machen, wie Altersheim Bruggbach, Barfüsserplatz etc.

Das Testament muss nicht ausdrücklich als solches gekennzeichnet sein. Auch aus einem Brief kann sich unter Umständen ein Testament ableiten lassen. Ob sich Ort oder Datum am Anfang oder am Ende des Schriftstückes befinden, ist unerheblich. Auch Unterschriften wie «Euer Vater» oder «Eure Mutter» sind zulässig. Auch auf das Material kommt es nicht an. Ein abgestürzter Bergsteiger darf seinen letzten Willen in den Felsen ritzen. Ein Testament kann auch auf einem Gegenstand, etwa auf der Rückseite eines Bildes, formuliert werden. Ob der letzte Wille in Hebräisch oder in Stenographie festgehalten ist, hat auf die Gültigkeit ebenfalls keinen Einfluss.

Die Rechtsprechung zu den Formvorschriften des Testamentes hat in den letzten Jahren die strengen Anforderungen gemildert. Dies ist jedoch kein Grund, nicht auf eine korrekte Abfassung von Testamenten zu achten. Eine zur Zeit der Drucklegung dieser Auflage hängige Gesetzesrevision sieht vor, die Ortsangabe als Formererfordernis fallen zu lassen. Zudem sollen fehlerhafte und fehlende Zeitangaben nur noch zur Ungültigkeit eines Testaments führen können, wenn die vollständige und/oder richtige Datumsangabe im konkreten Fall von Bedeutung ist. Im Vordergrund dürften dabei Fälle stehen, wo mehrere Testamente vorliegen oder wo Zweifel an der Verfügungsfähigkeit des Erblassers bestehen.

Was lässt sich anordnen?

«Mein gesamtes Vermögen vermache ich meinem Kater Sibelius.» Sind solche Anordnungen im Testament zulässig? In Amerika, wo bekanntlich alles anders ist, vielleicht – nicht aber in der Schweiz.

Erblasserinnen und Erblasser können in einem Testament nicht beliebige Anordnungen treffen. Sie sind grundsätzlich an folgende vom Gesetz vorgesehene Verfügungsarten gebunden:

Erbeinsetzung: Dadurch wird beispielsweise ein Freund oder Bekannter des Erblassers, welcher nicht gesetzlicher Erbe ist, als Erbe eingesetzt. Als Erbe hat er ein Mitspracherecht bei der Teilung der Erbschaft. Er haftet allerdings solidarisch mit den andern Erben auch für die Schulden des Erblassers.

Vermächtnis: Durch das Vermächtnis erhält der oder die Bedachte einen Anspruch auf eine bestimmte Sache (Kunstgegenstände, Möbel, Aktien etc.) oder einen Geldbetrag aus dem Vermögen des Erblassers. Mit einem Vermächtnis werden Bedachte jedoch nicht Erben und haften auch nicht für die Schulden.

Ersatzerben- oder **Nacherbeneinsetzung:** Bei der *Ersatzerbeneinsetzung* bezeichnet der Erblasser eine Person als Erben für den Fall, dass ein in erster Linie genannter Erbe vor dem Erbgang stirbt oder die Erbschaft ausschlägt.

Bei der *Nacherbeneinsetzung* bestimmt der Erblasser, dass einer der Erben den auf ihn entfallenden Teil der Erbschaft bei seinem Tod auf einen bestimmten Nacherben zu übertragen habe. So kann ein Erblasser seine Erbinnen und Erben zum Beispiel verpflichten, die Erbschaft oder einen Teil derselben einer Person (z. B. einem Enkel des Erblassers) zuzuwenden, die im Zeitpunkt des Erbganges noch nicht lebt.

Bei der Nacherbeneinsetzung wird vorerst ein anderer Erbe Eigentümer des Nachlasses. Dieser *Vorerbe* kann aufgrund seines Verfügungsrechts die Interessen des Nacherben gefährden. Aus diesem Grund hat das Gesetz für den Nacherben besondere *Sicherungsmassnahmen* (Inventar, Sicherstellung) vorgesehen. Bei Liegenschaften kann die Auslieferungspflicht an den Nacherben im Grundbuch vorgemerkt werden.

Durch Testament oder Erbvertrag kann der Erblasser den Vorerben von der Sicherstellungspflicht befreien und sogar bestimmen, dass der Nacherbe nur noch das erhalten soll, was der Vorerbe nicht verbraucht hat. In diesem Falle spricht man von einer Nacherbeneinsetzung auf den *Überrest*.

Auflage: Durch die Auflage kann dem Erben oder Vermächtnisnehmer irgendeine Verpflichtung auferlegt werden; diese darf aber weder widerrechtlich noch unsittlich oder unsinnig sein (z. B. dass der Vermächtnisnehmer bei Bahnreisen nur im Gepäckwagen mitreisen dürfe). Eine zulässige Auflage wäre beispielsweise, dass die eingesetzte Erbin für den Hund des Erblassers zu sorgen habe. Hingegen kann der Hund nicht als Erbe oder Vermächtnisnehmer bestimmt werden, weil das Tier, juristisch gesehen, eine Sache ist.

Bedingung: Durch eine Bedingung kann ein ausgesetztes Vermächtnis vom Eintritt bestimmter Tatsachen abhängig gemacht werden (z. B. dass ein Vermächtnis erst auszubezahlen sei, wenn der Bedachte sich verheirate).

Stiftung: Durch die Stiftung wird ein Vermögen einem bestimmten Zweck gewidmet. Errichtet der Erblasser oder die Erblasserin durch letztwillige Verfügung eine Familienstiftung, darf diese bloss der Erziehung, Unterstützung, Ausstattung der Familienangehörigen oder ähnlichen Zwecken dienen.

Teilungsvorschriften: Durch die Teilungsvorschrift kann der Erblasser einem Erben (auf Anrechnung an dessen Erbteil) bestimmte Vermögenswerte (z. B. Liegenschaften) zuweisen.

Anerkennung eines Kindes: Nach dem neuen Kindesrecht entsteht das Kindesverhältnis zum Vater u. a. auch durch Anerkennung der Vaterschaft. Diese Anerkennung wird normalerweise gegenüber dem Zivilstandsbeamten ausgesprochen. Sie kann aber auch in einer letztwilligen Verfügung erfolgen.

Einsetzung eines Willensvollstreckers: Der Erblasser kann eine Person seines Vertrauens (z.B. einen langjährigen Freund, aber auch ein Treuhandbüro) als Willensvollstreckerin einsetzen, welche seine Anordnungen zu vollziehen hat.

Beispiel eines eigenhändigen Testamentes

Achtung: Das eigenhändige Testament muss von A bis Z handschriftlich abgefasst sein!

Testament

Ich, Hans Meier, geboren am 12. Dezember 1912,
wohnhaft in Aarau, Hirschengraben 10, treffe
die folgenden letztwilligen Verfügungen:

I

Ich hebe mein Testament vom 13. Januar 1967
wieder vollständig auf und ersetze es durch
die nachfolgenden Bestimmungen:

II

Meiner lieben Ehefrau Marie wende ich von
meinem Nachlass die verfügbare Quote zu
Eigentum und den Rest zur Nutzniessung zu.

III

Nach dem Tod meiner Ehefrau steht meinem
Sohn Paul das Recht zu, die Liegenschaft am
Hirschengraben 10 in Aarau auf Anrechnung
an seinen Erbteil in sein Alleineigentum zu
übernehmen. Als Anrechnungswert gilt der Verkehrswert, wie er vom zuständigen Kreisschätzer innert 3 Monaten nach dem Tod des
zweitversterbenden Ehegatten festgelegt wird.

Aarau, den 4. Oktober 1985
Hans Meier

31

Fragen, die sich Testamentsverfasser stellen sollten

1. Welche Zielvorstellungen will ich verwirklichen?
2. Habe ich schon frühere Testamente geschrieben? Stehen diese im Widerspruch zum Testament, das ich jetzt schreiben will?
3. Geht mein Wille auch klar und unmissverständlich aus dem Text hervor?
4. Verletzt meine Verfügung Pflichtteile? Bin ich bereit, eine Pflichtteilsverletzung in Kauf zu nehmen?
5. Könnten nach meinem Tod Streitigkeiten entstehen? Wäre daher die Einsetzung eines Willensvollstreckers angezeigt?
6. Will ich für den Fall, dass sich der überlebende Ehegatte (die Gattin) wieder verheiratet oder ohne Trauschein mit einem Partner zusammenlebt, zugunsten der Nachkommen Sicherheitsvorkehrungen treffen?
7. Was soll nach dem Tod des zweitversterbenden Ehegatten oder bei gemeinsamem Tod geschehen (vor allem bei kinderlosen Ehepaaren)?
8. Erfüllt mein Testament die formellen Gültigkeitsvoraussetzungen (eigenhändig geschrieben, Ort, Datum, Unterschrift)?
9. Wäre es sinnvoll, das Testament durch eine Fachperson überprüfen zu lassen?

Pultschublade oder Banksafe?

Man kann seinen letzten Willen überall aufbewahren: in der Pultschublade bei den Familienschriften oder unter der Matratze. Die Gültigkeit des Testaments wird dadurch nicht betroffen. Gleichwohl ist es sinnvoll, über den richtigen Aufbewahrungsort seines Testamentes rechtzeitig nachzudenken.

Jeder, der beim Tod einer Person eine letztwillige Verfügung vorfindet, ist verpflichtet, diese bei der zuständigen Behörde einzureichen, damit sie eröffnet werden kann (vgl. Anhang, S. 202). Doch, was nützen Vorschriften, wenn es Leute gibt, die sich nicht daran halten? Jeder Kanton besitzt deshalb eine Amtsstelle, bei welcher Testamente aufbewahrt werden können (vgl. Anhang). Sobald die zuständige Amtsstelle von einem Todesfall Kenntnis erhält, sei es durch das Zivilstandsamt, sei es durch das Amtsblatt, überweist sie das Testament an die Behörde zur Eröffnung. Damit ist Gewähr gegeben, dass alle an der Erbschaft Beteiligten auch wirklich benachrichtigt werden.

Wieviel kostet die amtliche Hinterlegung eines Testaments? Die Gebühren unterscheiden sich nicht nur von Kanton zu Kanton, sondern oftmals auch von Gemeinde zu Gemeinde. Wohlfeil ist diese Sicherheitsmassnahme indes überall. Ein paar Beispiele: In der Stadt St. Gallen zahlt ein künftiger Erblasser eine einmalige Gebühr von 100 Franken, die Notare im Kanton Zürich verlangen für die Aufbewahrung neu je nach Alter des Testators zwischen 100 und 300 Franken, das Erbschaftsamt des Kantons Basel-Stadt 35 und die Bezirksgerichte im Kanton Aargau 36 Franken. Die Stadt Zug hütet den letzten Willen für 20 Franken. Vorläufig noch gebührenfrei werden Testamente in der Stadt Bern und verschiedenen anderen Gemeinden im Kanton Bern entgegengenommen.

Wer sein Testament weder zu Hause noch bei einer Amtsstelle hinterlegen möchte, kann dieses auch einer Vertrauensperson, einer Notarin, einem Rechtsanwalt, dem späteren Willensvollstrecker oder einer Bank zur Aufbewahrung geben. Die Banken geniessen gegenüber natürlichen Personen einen Vorteil: Sie sind – jedenfalls theoretisch – unsterblich.

Was die Aufbewahrungsart und die Hinterlegungskosten betrifft, so zeigen sich je nach Bank Unterschiede. Eine Reihe von Banken nehmen das Testament ins offene Depot und verlangen hierfür keine besonderen Spesen. Diese Aufbewahrungsform wird von anderen Banken kritisiert. Denn wer eine Vollmacht über ein Depot besitzt, die über den Tod des Vollmachtgebers hinaus gilt, könnte streng genommen das Depot auflösen und die letztwillige Verfügung an sich nehmen. Deshalb behelfen sich gewisse Banken mit internen Richtlinien, die dies verhindern sollen. Banken, welche letztwillige Verfügungen gesondert aufbewahren, verlangen in der Regel eine Gebühr von 30 bis 100 Franken.

Mehrere Testamente

In der Praxis kommt es sehr oft vor, dass beim Tode des Erblassers verschiedene Testamente zum Vorschein kommen. Dafür kann es verschiedene Gründe geben: Vielleicht hat sich Herr Meier die Sache anders überlegt, oder er will noch jemanden zusätzlich begünstigen; er hat das erste Testament verlegt und weiss nicht mehr genau, was darin steht. Dabei können sich bei der Testamentsauslegung heikle Rechtsfragen stellen.

Als *Grundsatz* gilt: Eine später errichtete Verfügung hebt ein früheres Testament auf. Dies gilt auch dann, wenn das erste Testament durch einen Notar errichtet wurde (öffentliches Testament) und das zweite «nur» handschriftlich niedergeschrieben wurde.

Beispiel

> *Testament*
>
> *Ich vermache mein gesamtes Vermögen der Musikgesellschaft Wittnau /AG.*
>
> *Frick, den 2. Januar 1970*
> *Hans Müller*

Weil die Musikgesellschaft zum 80. Geburtstag kein Ständchen dargebracht hat, dafür der Handharmonika-Club Frick das Herz des Jubilars erfreute, macht Hans Müller ein neues Testament, das wie folgt lautet:

> *Testament*
>
> *Ich vermache mein gesamtes Vermögen dem Handharmonika-Club-Frick.*
>
> *Frick, den 28. September 1984*
> *Hans Müller*

Der Fall liegt klar: Das zweite Testament hebt die erste Verfügung vollständig auf, obwohl dies nicht ausdrücklich gesagt wird.

Was gilt, wenn sich die Verfügungen in den verschiedenen Testamenten nicht widersprechen? In diesem Fall kann möglicherweise nur eine Ergänzung des ersten Testamentes vorliegen. Das Gesetz sagt, dass zweifelsfrei erkennbar sein müsse, dass es sich um eine Ergänzung und nicht um eine Aufhebung handle. Im Zweifel wird also die Aufhebung vermutet.

Beispiel

> ### Testament
>
> Ich vermache dem Cäcilienverein Fr. 500.–, dem Männerchor Fr. 500.–, dem Krankenpflegeverein Fr. 1000.–.
> Der Rest des Vermögens fällt an die gesetzlichen Erben nach deren Erbquoten.
>
> Laufenburg, 20. Oktober 1978
>
> Heinrich Stark

> ### 2. Testament
>
> Ich verfüge letztwillig, dass der Vogelschutzverein Fr. 500.– und jedes Patenkind Fr. 1000.– erhält. Der Männerchor bekommt Fr. 300.–.
>
> Laufenburg, 24. März 1980
>
> Heinrich Stark

Bezüglich des Männerchors wird das erste Legat aufgehoben. Massgebend ist das zweite Testament. Die Vermächtnisse an den Vogelschutzverein und die Patenkinder stellen Ergänzungen dar.

Anfechtung des Testamentes

Auch ein Testament, das die gesetzlichen Formvorschriften verletzt oder von einer nicht handlungsfähigen Person verfasst worden ist, kann für die Erben verbindlich werden – wenn sie nicht rechtzeitig die richtigen Schritte unternehmen. Wenn ein Testament nicht *innert Jahresfrist*, seit der Formfehler bekannt wurde, gerichtlich angefochten wird, behält es seine Gültigkeit.

Wird das Testament angefochten, so kann es vom Gericht für ungültig erklärt werden. Daher die Bezeichnung *Ungültigkeitsklage*. Die Ungültigkeit gilt nur zugunsten derjenigen Partei, welche das Testament angefochten hat. Die gleiche Klage muss erhoben werden, wenn:

- der Erblasser im Zeitpunkt der Errichtung nicht verfügungsfähig war.
- der Erblasser ein Testament unter Drohung, Zwang, Irrtum oder Täuschung errichtet hat.
- der Inhalt eines Testamentes unsittlich oder rechtswidrig ist.

Nicht jede Beeinflussung ist gleich Erbschleicherei, wie bereits zutreffend Wilhelm Busch erkannt hat:

> *«Unvermutet, wie zumeist,*
> *kommt die Tante zugereist.*
> *Herzlich hat man sie geküsst,*
> *weil sie sehr vermöglich ist.»*

Bevor eine Klage eingereicht wird, sollte auf jeden Fall durch eine fachkundige Person eine Chancenbeurteilung vorgenommen werden, weil die Gerichte an den *Beweis* hohe Anforderungen stellen.

Das Nottestament

Ein Schwerverletzter bei einem Verkehrsunfall möchte angesichts des nahen Todes noch letzte Anordnungen treffen. Diese sind gültig, wenn sie vor zwei Zeugen *mündlich* abgegeben werden. Anschliessend haben die Zeugen den letzten Willen in einer datierten und von beiden Zeugen unterzeichneten Erklärung festzuhalten und *unverzüglich* einer Gerichtsbehörde einzureichen. Wird mit dem Einreichen zugewartet (das Bundesgericht hat bereits bei 24 Stunden erhebliche Bedenken geäussert) oder wird sie mit der Post geschickt, kann das Testament wegen Verletzung von Formvorschriften angefochten werden.

Statt der schriftlichen Erklärung kann der letzte Wille auch der Gerichtsbehörde mündlich zu Protokoll gegeben werden.

Im Militär wird die Gerichtsbehörde durch einen Offizier mit mindestens Hauptmannsrang ersetzt.

Erholt sich der Schwerverletzte wider Erwarten, so verliert das Nottestament *nach vierzehn Tagen*, seit der Verunfallte ein eigenhändiges oder öffentliches Testament errichten konnte, seine Gültigkeit.

Das öffentliche Testament

Es geht auch feierlicher: Wer seinen letzten Willen nicht in der stillen Kammer abfassen möchte, kann die Form des öffentlichen Testaments wählen. Sie empfiehlt sich vor allem für alte und kranke Personen. Das öffentliche Testament ist nicht gratis. Die Kosten sind von Kanton zu Kanton unterschiedlich. Je nach Kanton und Höhe des Nachlasses ist mit einigen hundert Franken zu rechnen. Es empfiehlt sich deshalb, die Kostenfrage vorgängig abzuklären.

Das öffentliche Testament wird durch die Urkundsperson verfasst und in Gegenwart von zwei Zeugen unterzeichnet. Die Zeugen erfahren den Inhalt des Testamentes nicht (Ausnahme: Wenn ein Blinder ein Testament errichten will, muss es ihm in Gegenwart der Zeugen vorgelesen werden.).

«Ich möchte ein Testament errichten. Genügt eine handschriftliche Urkunde, oder muss ich die Urkunde durch den Notar beglaubigen lassen? Es liegt mir sehr daran, dass nach meinem Tod alles wohl geordnet ist.»

Das öffentliche Testament besitzt gegenüber dem eigenhändigen keine höhere Geltung. Sein Vorteil liegt jedoch in der rechtskundigen Beratung und der Bestätigung der Verfügungsfähigkeit durch zwei Zeugen (d. h., dass man im Zeitpunkt der Testamentserrichtung zurechnungsfähig war).

Beispiel einer öffentlichen letztwilligen Verfügung mit Erbeneinsetzung und Vermächtnissen

Letztwillige Verfügung

Vor dem Notar N. N. ist heute zwecks Errichtung einer letztwilligen Verfügung erschienen:

Herr Josef Müller, 1917, von Kaisten, in 4335 Laufenburg

Dieser hat dem Notar seinen Willen mitgeteilt und ihn beauftragt, diese Urkunde abzufassen. Der letzte Wille des Josef Müller lautet:

I.

Ich widerrufe sämtliche letztwilligen Verfügungen, die ich jemals getroffen haben sollte. [1]

II.

Als Erben für meinen gesamten Nachlass [2] setze ich zu gleichen Teilen meine Geschwister ein:

— Paula Schmid-Müller, 1922, von Kaisten und Bremgarten, in Bremgarten AG und
— Fritz Müller, 1923, von Kaisten, in Zürich.

Sollten die eingesetzten Erben vor mir versterben, treten an ihre Stelle deren Nachkommen zu gleichen Teilen nach Stämmen. [3]

III.

Ich richte die folgenden Vermächtnisse [4] aus:

1. für meine Patenkinder
   - Anna Meier-Müller, 1944, Mustergasse 7, Bern
   - Josef Keller-Ingold, 1946, Birchstrasse 15, Zofingen
   einen Betrag von je Fr. 5000.- (Franken fünftausend).

2. für das Blindenheim Glarus einen Betrag von Fr. 10 000.- (Franken zehntausend).

IV.

Im Sinn einer Teilungsvorschrift [5] verfüge ich, dass mein Bruder Fritz Müller meine Waffensammlung zum Anrechnungswerte von Fr. 30 000.- (Franken dreissigtausend) übernehmen kann. Der Anrechnungswert entspricht etwa dem heutigen Verkehrswert. Sollte die Sammlung im Zeitpunkt meines Todes einen höheren Wert aufweisen, gilt gleichwohl der Anrechnungswert von Fr. 30 000.- (Franken dreissigtausend).

V.

Für den Grabunterhalt [6] ist ein separates Sparheft in der Höhe von Fr. 3000.- (Franken dreitausend) anzulegen. Die Besorgung des Grabes und damit die Verwendung des Geldes obliegt meiner Nichte Margrit Spirig-Müller, 1942, Riniken.

VI.

Als Willensvollstrecker [7] setze ich letztwillig ein:
den Verfasser dieser Urkunde, Notar N. N.

Anmerkungen:

[1] Es empfiehlt sich immer, den Widerruf früherer Verfügungen festzuhalten. Vor allem bei den eigenhändigen Testamenten herrscht dann absolute Klarheit, dass frühere Testamente aufgehoben sind.

[2] Wenn die beiden Geschwister die einzigen gesetzlichen Erben wären, müsste keine Erbeneinsetzung vorgenommen werden. Dies deshalb nicht, weil die Geschwister ihren ledigen Bruder von Gesetzes wegen beerben.

[3] Mit dieser Formulierung ist klargestellt, dass die Nachkommen zuerst nach Stämmen und innerhalb des Stammes nach Köpfen erben. Hat Paula Schmid nur zwei Söhne, Fritz Müller aber drei Nachkommen, wird die Erbschaft nicht durch die fünf Kinder (nach Köpfen) verteilt, sondern nach Stämmen. Die zwei Söhne von Paula Schmid erben daher je ¼, die Nachkommen von Fritz Müller je ⅙.

[4] Vermächtnis (vermachen) bedeutet eine Vermögenszuwendung, welche die gesetzlichen oder eingesetzten Erben vorzunehmen haben. Die Vermächtnisse vermindern somit das teilbare Nachlassvermögen.

Was geschieht mit dem Vermächtnis, wenn Anna Meier *vor* dem Erblasser stirbt? In diesem Fall fällt das Vermächtnis zugunsten derjenigen weg, die zur Ausrichtung des Legats verpflichtet gewesen wären. In unserem Beispiel geht der Betrag von Fr. 5000.- an die Geschwister. Wollte der Erblasser, dass das Vermächtnis beispielsweise an die Kinder von Anna Meier fällt, müsste dies im Testament ausdrücklich erwähnt sein.

[5] Im Unterschied zum Vermächtnis bedeutet die Zuwendung im Sinn einer Teilungsvorschrift nur, dass der Erbe Anspruch auf die *Gegenstände* (konkret Waffensammlung) hat. Den Wert dieser Gegenstände muss er sich in der Teilung anrechnen lassen.

Bei der gewählten Formulierung handelt es sich nicht nur um eine Teilungsvorschrift, sondern bei einer Wertsteigerung der Sammlung noch um ein Vermächtnis. Wenn die Sammlung beim Tod des Erblassers einen Wert von Fr. 40000.- aufweist, ist der Betrag von Fr. 10000.- geschenkt.

[6] Grabunterhaltskosten und die Rechnung für den Grabstein stellen Erbschaftspassiven dar; sie sind also vorweg vor Verteilung des Nachlasses zu bezahlen. Sind die Kosten im Zeitpunkt der Teilung noch nicht definitiv bekannt, wird in der Praxis eine *Rückstellung* in der mutmasslichen Höhe vorgenommen.

[7] Die Einsetzung eines Willensvollstreckers ist in komplizierten Fällen oder in Fällen, da keine nahen Verwandten vorhanden sind, empfehlenswert. In den meisten Fällen wird ein Notar, eine Anwältin, ein Treuhänder oder eine Bank mit dieser Aufgabe betraut.

Der Erbvertrag

Der «letzte Wille» muss nicht immer der letzte bleiben: Ein Testament lässt sich jederzeit abändern, wenn sich Verhältnisse oder Laune geändert haben. Nicht so ein Erbvertrag: Vertrag bleibt Vertrag. Eine Änderung ist nur im gegenseitigen Einvernehmen möglich. Im Gegensatz zum Testament kann der Erbvertrag nur unter Mitwirkung einer Urkundsperson und zweier Zeugen errichtet werden. Der Erbvertrag wird vor allem dann gewählt, wenn sich Eheleute oder ledige Geschwister im gemeinsamen Haushalt gegenseitig unwiderruflich begünstigen wollen.

Eine besondere Art Erbvertrag ist der *Erbverzichtsvertrag*. In diesem Vertrag vereinbart der Vater beispielsweise mit dem Sohn, dass er gegen einen Betrag von Fr. 50000.- bei der späteren Erbteilung nichts mehr erbe. Der Verzicht gilt auch für die Erben des Verzichtenden (vgl. auch S. 44).

	Testament	Erbvertrag
Errichtungsformen	eigenhändiges öffentliches Nottestament	öffentliches Verfahren
Verfügungsfähigkeit	18 Jahre	Mündigkeit*

(* Ab 1. Januar 1996 ist man mit 18 Jahren mündig.)

Auch im Erbvertrag sind die Vertragsparteien an die vom Gesetz vorgesehenen Verfügungsarten gebunden. Es sind dies dieselben wie im Testament mit folgenden Ausnahmen:

● Stiftungen können durch Erbvertrag nicht errichtet werden.

● Die Anerkennung eines Kindes kann nur in einem Testament, nicht aber in einem Erbvertrag erfolgen.

● Ein Willensvollstrecker kann ebenfalls nur testamentarisch eingesetzt werden.

● Nur durch Erbvertrag kann ein Erbverzicht begründet werden.

Möglich ist eine Kombination von Testament und Erbvertrag. So kann beispielsweise ein Erbvertrag auch testamentarische (einseitige) Anordnungen enthalten, die jeder Vertragspartner ohne Zustimmung des andern wieder aufheben kann. Das Bundesgericht hat zugelassen, dass im Rahmen eines Erbvertrages eine Stiftung durch einseitige Verfügung errichtet werden kann. Häufigster Anwendungsfall dieser Kombination ist die testamentarische Einsetzung eines Willensvollstreckers (je einzeln) in einem Erbvertrag.

Hingegen ist es nicht möglich, in ein Testament auch erbvertragliche Elemente einzubauen.

Beispiel: «Meine Frau und ich haben mit einem alten Bauern einen Erbvertrag abgeschlossen. Wir erhalten nach seinem Tod seinen bescheidenen Hof, sofern wir diesen nach biologisch-dynamischen Grundsätzen weiterführen. Jetzt will der Bauer die Hypotheken auf dem Heimwesen erhöhen. Können wir ihn daran hindern?»

Auch nach Abschluss eines Erbvertrages kann ein Erblasser grundsätzlich über sein Vermögen frei verfügen. Niemand kann den Bauern aus diesem Grund daran hindern, die Hypotheken aufzustocken. Auch ein Erbvertrag schützt deshalb nicht vor Überraschungen. Immerhin erklärt das Gesetz Schenkungen, die mit dem Vertrag im Widerspruch stehen, unter bestimmten Umständen als anfechtbar.

Beispiel eines Erbvertrages mit Erbeneinsetzung, Vermächtnis, Auflage

Erbvertrag

Vor der unterzeichneten N. N. in X, öffentliche Notarin des Kantons Y, sind heute zwecks Errichtung eines Erbvertrages erschienen:

- Frau Hunziker-Mösch Erika, 1931, von Koblenz, in Elfingen, Herbstgasse
- Herr Hunziker Marcel, 1930, von Koblenz, in Elfingen, Herbstgasse

Die Parteien haben der unterzeichneten Notarin gleichzeitig ihren Willen mitgeteilt und sie beauftragt, darüber diese Urkunde als Erbvertrag abzufassen. Dieser Wille lautet:

I.

Allfällige bisherige Verfügungen von Todes wegen heben wir hiermit ausdrücklich auf. Von dieser Aufhebungsverfügung ausgenommen sind Begünstigungserklärungen gegenüber Versicherungen und gegenüber Vorsorgeeinrichtungen. [1]

II.

Bezüglich unserer güterrechtlichen Verhältnisse verweisen wir auf unseren Ehevertrag vom 30. Januar 1988. Danach behalten wir den ordentlichen Güterstand der Errungenschaftsbeteiligung bei, wobei wir jedoch im Sinn von Art. 216 ZGB vereinbaren, dass die Gesamtsumme beider Vorschläge ganz dem überlebenden Ehegatten zufällt. [2]

III.

Für den Fall des Vorversterbens des einen Ehegatten bestimmt dieser in Anwendung von Art. 473 ZGB, dass der überlebende Ehegatte die verfügbare Quote von ⅛ zu Eigentum und die restlichen ⅞ zur unbeschränkten lebenslänglichen Nutzniessung erhalten soll. Sollte die bundesgerichtliche Rechtsprechung eine weitergehende Eigentumsquote zulassen, findet diese zusätzliche Begünstigung auch auf den vorliegenden Vertrag Anwendung. [3]

Im Fall einer Wiederverheiratung kommt Art. 473 Abs. 3 ZGB zur Anwendung. [4]

IV.

Als Teilungsvorschrift im Sinn von Art. 608 ZGB bestimmen wir, dass der überlebende Ehegatte auf Anrechnung an seine güter- und erbrechtlichen Ansprüche GB Frick Nr. 17, 3.5 ar Garten (Pflanzplätz) zu Alleineigentum übernehmen kann. [5]

V.

Unsere beiden älteren Kinder haben die folgenden Vorbezüge zur Ausgleichung zu bringen: [6]
- Georg die Finanzierung seines Studiums mit
  Fr. 30000.- (Franken dreissigtausend)
- Susanne den Beitrag an ihre Aussteuer mit
  Fr. 20000.- (Franken zwanzigtausend)

Sollten wir beide sterben, bevor unser jüngstes Kind Martin seine Ausbildung abgeschlossen hat, haben unsere beiden älteren Kinder Georg und Susanne für ihn zu sorgen und ihm die Beendigung seiner Ausbildung zu ermöglichen. [7]

Anmerkungen:

[1] Es empfiehlt sich immer, den Widerruf früherer Verfügungen festzuhalten.

[2] Damit der Erbvertrag aus sich selber heraus verständlich wird, ist es vorteilhaft, am Anfang auf den Ehevertrag hinzuweisen. Die Zuweisung des gesamten Vorschlags beider Eheleute an den Überlebenden ist – gegenüber gemeinsamen Nachkommen – zulässig. Die Pflichtteilsansprüche der nichtgemeinsamen Nachkommen müssen gewahrt bleiben.

[3] In der Literatur ist das Quotenverhältnis Eigentum/Nutzniessung kontrovers. Gute Gründe sprechen für die Variante ⅛ Eigentum und ⅞ Nutzniessung. Um der Eventualität einer weitergehenden Begünstigung durch die Gerichte Rechnung zu tragen, empfiehlt sich diese zusätzliche Formulierung.

[4] Im Fall einer Wiederverheiratung entfällt diese Nutzniessung auf jenem Teil der Erbschaft, der nicht zu Lasten der Nachkommen hätte mit der Nutzniessung belastet werden dürfen. Dies ist der Pflichtteil, der ⅜ beträgt.

[5] Der überlebende Ehegatte kann gestützt auf diese Bestimmung verlangen, dass er im Grundbuch als Alleineigentümer des Gartens eingetragen wird. Eine Teilungsvorschrift bezüglich der Liegenschaft empfiehlt sich, weil der Zuweisungsanspruch für den überlebenden Ehegatten nicht absolut besteht (vgl. S. 19).

[6] Heiratsgut muss von Gesetzes wegen nur dann nicht zur Ausgleichung gebracht werden, wenn es vom Erblasser ausdrücklich so bestimmt wurde. Die Ausgleichungspflicht wird mit anderen Worten vermutet.

[7] Bei dieser Bestimmung handelt es sich um eine Auflage.

Erbverzicht

Der Erbverzichtsvertrag stellt in der Praxis ein geeignetes Mittel dar, um eine Vermischung von zwei Erbmassen zu verhindern.

Beispiel: Eine Witwe und ein Witwer mit je eigenen Kindern und je einem eigenen Haus entschliessen sich, nochmals zu heiraten. Wird kein Erbverzichtsvertrag abgeschlossen, erbt der überlebende Ehegatte die Hälfte des Nachlasses des Vorverstorbenen.

Weil die Nachkommen des Erstversterbenden gegenüber ihrem Stiefvater oder ihrer Stiefmutter kein Erbrecht besitzen, könnten sie nur die Hälfte der Liegenschaft erben, während die Nachkommen des zweitversterbenden Ehegatten im Ergebnis 1½ Liegenschaften erhielten. Durch einen gegenseitigen Erbverzichtsvertrag kann nun vereinbart werden, dass das Nachlassvermögen «nach seiner Herkunft» den blutsverwandten Erben zufällt.

Es ist nicht zu übersehen, dass ein Erbverzichtsvertrag oft zur Entspannung im Verhältnis (Stief-)Elternteil/(Stief-)Kinder beitragen kann. Überhaupt sollten die Beteiligten in diesen Fällen die sich stellenden Probleme offen ausdiskutieren und gemeinsam nach einer für alle Parteien befriedigenden Lösung suchen. Eine solche Lösung ist möglich!

Das Problem der Vermischung von Erbmassen stellt sich nicht bei Konkubinatspaaren, weil die Partner zueinander kein gesetzliches Erbrecht besitzen.

Beispiel eines Erbverzichtsvertrages

Erbverzichtsvertrag

Vor dem Notar N. N. sind heute zwecks Errichtung eines Erbverzichtsvertrages erschienen:

- Johann Keller-Erni, geb. 24. 2. 1936, von Herznach, in 5268 Eiken, Rausstrasse 55

- Brigitte Pauli-Keller, geb. 20. 7. 1965, von Herznach und Uzwil, in 8004 Zürich, Alpnerstrasse 16a

Die Parteien haben dem unterzeichneten Notar gleichzeitig und übereinstimmend folgendes mitgeteilt und ihn beauftragt, darüber diese Urkunde als Erbverzichtsvertrag zu verfassen. Der gemeinsame, übereinstimmende Wille der Parteien lautet:

I.

1. Frau Brigitte Pauli-Keller, 1965, erhält als Abgeltung ihres Erbanspruches gegenüber dem väterlichen Nachlass einen Betrag von Fr. 20 000.- (Franken zwanzigtausend).

2. Dieser Betrag ist bei Unterzeichnung dieses Erbverzichtsvertrages zu bezahlen.

3. Dieser Erbverzicht hat Gültigkeit sowohl für die Vertragsparteien selber wie auf seiten der Frau Brigitte Pauli-Keller, 1965, auch für ihren Ehemann und ihre allfälligen Nachkommen.

4. Nach Unterzeichnung sowie Erfüllung dieses Vertrages sind die Parteien per Saldo in bezug auf den väterlichen Nachlass auseinandergesetzt. Dies bedeutet, dass bei einer späteren Erbteilung weder Brigitte Pauli-Keller selber noch ihre allfälligen Erben (Ehegatte, Nachkommen) irgendwelche Ansprüche geltend machen können.

II.

1. Dieser Erbverzichtsvertrag ist bei der zuständigen Behörde zu hinterlegen.

2. Jede Partei erhält eine beglaubigte Ausfertigung dieses Vertrages. Ein weiteres Exemplar wird beim Notar aufbewahrt.

3. Die mit diesem Erbverzichtsvertrag zusammenhängenden Kosten trägt Johann Keller-Erni, Eiken.

Dieser Erbverzichtsvertrag ist von den Parteien in Gegenwart des Notars gelesen und unmittelbar darauf vor ihm und den zwei Zeugen unterzeichnet worden.

Aufhebung von Testamenten

Die Aufhebung eines Testamentes als *einseitige* Erklärung ist relativ einfach.

Ein Fall ist uns bereits begegnet (vgl. S. 34), wo eine früher errichtete Verfügung, die mit einer später getroffenen in Widerspruch steht, als aufgehoben gilt. Aufgehoben ist das Testament ferner durch:

Widerruf: Dieser Widerruf muss die Formvorschriften der Testamentserrichtung einhalten, also in einem eigenhändigen oder öffentlichen Testament erfolgen.

Vernichtung: Damit ist nicht nur das Zerreissen oder Verbrennen gemeint, sondern ebenfalls das Durchstreichen, Durchschneiden oder Radieren. Ungenügend ist jedoch die Vernichtung einer blossen Abschrift der öffentlichen Urkunde.

Verfügung zu Lebzeiten: Wenn der Erblasser über einen Vermögensgegenstand, den er im Testament vermacht hat, bereits zu Lebzeiten verfügt hat, kann sich der oder die Bedachte nicht mehr darauf berufen.

Beispiel: In seinem Testament vermachte Onkel Fritz die Liegenschaft «alte Mühle» seiner Nichte Rita Meier. Bereits zwei Jahre vor dem Tod wurde das Haus an die Immobilienfirma «Goodland» verkauft. Rita Meier hat den Anspruch auf die Liegenschaft verwirkt. Hat sie allenfalls Anspruch auf den Verkaufserlös?

Diese Frage entscheidet sich nach dem Wortlaut und Sinn des Testaments. Ist der Wille des Erblassers, der Nichte den Geldersatz zukommen zu lassen, aus dem Testament ersichtlich, hat sie Anspruch auf das Geld. Steht aber im Testament nur der Satz: «Die Liegenschaft ‹alte Mühle› fällt meiner Nichte Rita zu», geht die Nichte leer aus.

Aufhebung von Erbverträgen

Da der Erbvertrag, wie der Name sagt, ein *Vertrag* ist, sind beide Vertragspartner grundsätzlich daran gebunden. Eine Aufhebung ist nur in *gegenseitigem* Einverständnis der Parteien möglich. Für die Aufhebung genügt jedoch *einfache Schriftlichkeit*, das heisst, es muss nicht die Form der öffentlichen Beurkundung oder der Handschriftlichkeit (wie bei der Aufhebung des Testamentes) gewählt werden. Erforderlich sind nur die eigenhändigen Unterschriften der beteiligten Parteien, während der Text selbst mit der Schreibmaschine geschrieben sein darf.

Aufgehoben ist der Erbvertrag von Gesetzes wegen, wenn die Urkunde vernichtet wurde und keine Möglichkeit der Wiederherstellung besteht. Aufgehoben ist der Erbvertrag auch dann, wenn der durch einen Erbvertrag Bedachte vorverstirbt und kein Ersatzerbe bestimmt ist.

Vom Grundsatz des gegenseitigen Einverständnisses kann in *zwei* Ausnahmefällen abgewichen werden. Eine *einseitige* Aufhebung eines Erbvertrages ist möglich:

- wenn sich eine Vertragspartei eines Verhaltens schuldig gemacht hat, das einen Enterbungsgrund darstellt (z. B. eines schweren Verbrechens, vgl. dazu S. 55).
- wenn eine Partei vertragsbrüchig wird.

Beim Rücktritt mit Berufung auf einen Enterbungsgrund müssen die Formvorschriften der Testamentserrichtung eingehalten werden. Beim Rücktritt wegen Vertragsverletzung genügt eine formlose Willenserklärung, wobei aus Beweisgründen auf jeden Fall eine *schriftliche* Abfassung zu empfehlen ist.

3. Kapitel

Wie frei ist der Erblasser?

«Ich weiss recht gut, dass alles in der Welt ankommt auf einen gescheiten Einfall und auf einen festen Entschluss.»

Goethe

Pflichtteil und verfügbare Quote

Durch Testament oder Erbvertrag kann der Erblasser die gesetzliche Erbfolge abändern. Er kann einem Erben oder einer Erbin mehr oder weniger zuweisen. Doch völlig frei ist er in der Verteilung von Gunst und Ungunst nicht. Bestimmte Erbinnen und Erben dürfen nur in Ausnahmefällen völlig leer ausgehen.

Grundregel: Je *näher* die Erben verwandt sind, desto *weniger* darf der Erblasser über sein Vermögen frei verfügen.

Den Anteil am Vermögen, der den Erben nicht entzogen werden darf, nennt man *pflichtteilsgeschützt*. Den Anteil am Vermögen, den ein Erblasser oder eine Erblasserin nach Belieben verwenden darf, nennt man *verfügbare Quote*.

Pflichtteilsgeschützte Erben sind:
- Ehegatte oder Ehegattin
- Nachkommen aller Grade
- Eltern

Die Pflichtteile berechnen sich nach Bruchteilen des gesetzlichen Erbanspruchs. Um festzustellen, wie hoch die Quote ist, über welche der Erblasser frei verfügen kann, muss man sich demzufolge zuerst fragen, wie der Nachlass verteilt würde, wenn kein Testament oder Erbvertrag vorläge. Da sich die Pflichtteile nach Bruchteilen der gesetzlichen Erbquoten bemessen, geht es ohne etwas Bruchrechnen nicht ab (für schlechte Schüler: Zähler mal Zähler, Nenner mal Nenner).

Anspruch der Kinder und Enkelkinder

Der Pflichtteil der Nachkommen, der Kinder, Enkelkinder und Urenkelkinder ist am grössten. Was frühere Generationen mühevoll erarbeitet haben, soll nach Möglichkeit der Familie erhalten bleiben. Dies ist jedenfalls die Ansicht des Gesetzes. Ob die Nachkommen über den gleichen Familiensinn verfügen, steht jedoch auf einem anderen Blatt.

Der Pflichtteil der Nachkommen beträgt ¾ des gesetzlichen Erbanspruches. Die verfügbare Quote beläuft sich somit auf ¼, da die Nachkommen als einzige Erben nach der gesetzlichen Erbfolge den ganzen Nachlass erben.

Beispiel: Hans Meier hinterlässt seine beiden Söhne Adelbert und Ernst. Das Nachlassvermögen beträgt Fr. 100 000.-.

Der gesetzliche Anspruch (wenn der Vater kein Testament hinterlassen hat) beträgt pro Sohn die Hälfte oder je Fr. 50 000.-. Der Pflichtteil beträgt ¾ des gesetzlichen Anspruches oder je Fr. 37 500.-. Der Vater kann jedem Sohn Fr. 12 500.- (= ¼ verfügbare Quote) oder beiden zusammen Fr. 25 000.- entziehen und beispielsweise einer wohltätigen Institution zuwenden. Das pflichtteilsgeschützte Vermögen beträgt gesamthaft Fr. 75 000.-.

Ob der Erblasser ein, zwei oder fünf Kinder hinterlässt, spielt keine Rolle. Die verfügbare Quote von ¼ bleibt unverändert.

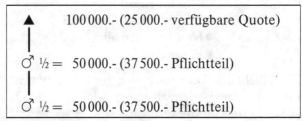

100 000.- (25 000.- verfügbare Quote)

♂ ½ = 50 000.- (37 500.- Pflichtteil)

♂ ½ = 50 000.- (37 500.- Pflichtteil)

Worauf können Eltern pochen?

Der Pflichtteil der Eltern ist geringer als derjenige von Nachkommen. Da jedoch im Normalfall eine Erbschaft auf mehrere Nachkommen aufgeteilt werden muss, fahren die Eltern beim vorzeitigen Tod eines Kindes kaum schlechter.

Der ledige Fritz Weber hinterlässt seine Eltern. Das Nachlassvermögen beträgt Fr. 100 000.-. Der gesetzliche Erbanspruch pro Elternteil beträgt die Hälfte oder je Fr. 50 000.-. Davon ist die *Hälfte*, also Fr. 25 000.- oder ein Viertel des Gesamtvermögens, *pflichtteilsgeschützt*. Über Fr. 25 000.- pro Elternteil oder gesamthaft Fr. 50 000.- kann Fritz Weber frei verfügen.

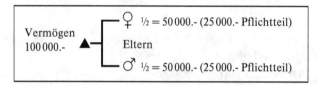

Ist *ein Elternteil* alleiniger gesetzlicher Erbe, beläuft sich der Pflichtteil gleichfalls auf die Hälfte, weil der Elternteil von Gesetzes wegen bekanntlich alles erbt.

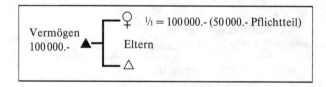

Der Anspruch des Ehegatten

Es dürfte nicht sehr häufig vorkommen, dass Eheleute einander auf den Pflichtteil setzen. Bei getrennt lebenden Paaren, die auf eine Scheidung verzichtet haben, kann dieses Mittel eingesetzt werden, um die Freundin oder den Freund zu begünstigen und finanziell sicherzustellen. Je weiter entfernt die Verwandten, desto grösser ist der Pflichtteil für den Ehegatten.

Sinnvoll kann eine solche Massnahme auch im Rahmen einer Geschäftsübernahme zu tragbaren Bedingungen (vgl. 6. Kapitel) sein.

Ehegatten und Nachkommen
Nachlass
Fr. 100 000.-

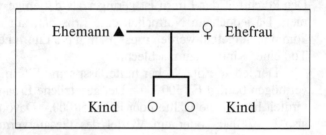

Gesetzlicher Anspruch der Ehefrau		½	Fr. 50000.-
Pflichtteil (die Hälfte des gesetzlichen Anspruchs von Fr. 50000.-)		¼	Fr. 25000.-
Gesetzlicher Anspruch der Nachkommen		½	Fr. 50000.-
Pflichtteil (¾ von ½)		⅜	Fr. 37500.-

Die verfügbare Quote berechnet sich somit wie folgt:

⅜ Pflichtteil Nachkommen
+ ²⁄₈ = ¼ (Pflichtteil Ehefrau)

⅝ Total pflichtteilsgeschützt
⅜ verfügbare Quote

oder in Zahlen: Nachlass Fr. 100 000.-

⅜ Pflichtteil Nachkommen	Fr. 37 500.-
²⁄₈ Pflichtteil Ehefrau	Fr. 25 000.-
⅜ verfügbare Quote	Fr. 37 500.-
⁸⁄₈ Nachlass	Fr. 100 000.-

Mit der verfügbaren Quote von ⅜ oder Fr. 37 500.- kann ein Ehegatte machen, was er will. Zumeist wird er sie dem überlebenden Ehegatten zuwenden.

**Ehegatten
und Eltern**
Nachlass
Fr. 100 000.-

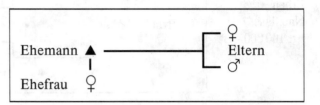

Ehemann ▲	Eltern	♀
⋮		♂
Ehefrau ♀		

Gesetzlicher Anspruch der Ehefrau   ¾   Fr. 75 000.-
Pflichtteil (die Hälfte des gesetzlichen
Anspruchs)   ⅜   Fr. 37 500.-

Gesetzlicher Anspruch der Eltern   ¼   Fr. 25 000.-
Pflichtteil (die Hälfte des gesetzlichen
Anspruchs)   ⅛   Fr. 12 500.-

Die verfügbare Quote berechnet sich somit wie folgt:

⅜ Pflichtteil Ehefrau
+ ⅛ Pflichtteil Eltern
_____

4/8 Total pflichtteilsgeschützt
4/8 verfügbare Quote

oder in Zahlen: Nachlass Fr. 100 000.-

⅜ Pflichtteil Ehefrau	Fr. 37 500.-
⅛ Pflichtteil Eltern	Fr. 12 500.-
4/8 verfügbare Quote	Fr. 50 000.-
8/8 Nachlass	Fr. 100 000.-

Lebt nur noch ein Elternteil, ändert sich an der Pflichtteilsberechnung nichts. Will der Ehemann vor allem seine Ehefrau begünstigen und leben nur noch sein Vater und/oder seine Mutter als nächste gesetzliche Erben, kann er ihr ⅞ seines Nachlasses zuwenden.

Ehegatte und andere gesetzliche Erben
Nachlass
Fr. 100 000.-

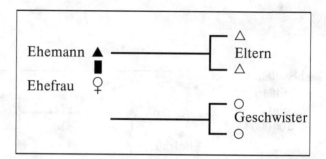

Mit den Eltern hört der Pflichtteilsschutz auf. Da der Pflichtteil der überlebenden Ehefrau die Hälfte beträgt, berechnet sich ihr Anspruch in diesem Fall vom Nachlassvermögen von Fr. 100 000.-.

Der Pflichtteil beträgt somit	Fr. 50 000.-
Die verfügbare Quote beläuft sich ebenfalls auf	Fr. 50 000.-
Total Nachlass	Fr. 100 000.-

Soll die überlebende Ehefrau begünstigt werden, kann ihr die verfügbare Quote, also der ganze Nachlass von Fr. 100000.-, zugewendet werden.

Pflichtteilsverletzung – was tun?

Ein Testament, das Pflichtteile verletzt, ist nicht einfach ungültig. Es muss vom Betroffenen rechtzeitig gerichtlich angefochten werden. Wer allzu lange darauf vertraut, auf gütlichem Weg zu seinem Recht zu kommen, kann böse Überraschungen erleben. Auszug aus einem Testament: *«Meine Frau hat mich mein ganzes Leben lang derart geärgert, dass sie von meinem Nachlass nichts erhält – die Kinder erben alles.»* Was tut die arme Ehefrau? (Der Ärger wird wohl nicht einseitig auf seiten des Ehemannes gelegen haben.)

Sie kann gerichtlich verlangen, dass ihr zumindest der Pflichtteil (¼ des Nachlassvermögens) zufällt. Diese Klage nennt man *Herabsetzungsklage.*

Häufiger kommen Pflichtteilsverletzungen zu Lasten der Nachkommen vor, etwa dann, wenn sich die Eheleute als *Universalerben* einsetzen oder wenn ein Nachkomme zu Lasten der andern Geschwister bevorzugt wird (vor allem bei Liegenschaften).

In diesen Fällen müssen die im Pflichtteil verletzten Erbinnen oder Erben *innert Jahresfrist* seit der Testamentseröffnung bzw. seit sie von der Verletzung ihres Pflichtteilsrechts erfahren haben — in jedem Fall aber innerhalb der absoluten Verjährungsfrist von zehn Jahren seit der Testamentseröffnung — das Testament oder den Erbvertrag gerichtlich anfechten. Die gleiche Frist gilt auch für Verträge (z. B. Kaufverträge), in denen der Erblasser einem Erben *zu Lebzeiten* eine herabsetzbare Zuwendung gemacht hat, welche die Pflichtteile anderer Erben verletzt. Die absolute Verjährungsfrist läuft in diesem Fall vom Zeitpunkt des Todes an. Wer im Besitz der Erbschaft oder eines Teils ist, kann sich jedoch jederzeit zu seinen Gunsten einredeweise auf eine Pflichtteilsverletzung berufen.

Enterben: Leichter gesagt, als getan

«Die Menschen vergessen eher den Tod des Vaters als den Verlust des väterlichen Erbteils.»

Machiavelli, II, Principe XVII

Die Enterbung ist kein Druckmittel für launische Familienfürsten, die nur noch mit finanziellen Druckversuchen ihren Willen durchsetzen können. Sie ist lediglich ein Notbehelf — ein Notbehelf allerdings, den man in ganz bestimmten Fällen nicht vergessen sollte.

Bei der *Enterbung* muss das Pflichtteilsrecht nicht beachtet werden. Enterbung bedeutet, dass der Erbe oder die Erbin nichts vom Nachlass erhält. Allerdings müssen *schwerwiegende Gründe,* die im Testament oder Erbvertrag ausdrücklich erwähnt werden, gegeben sein. Es sind dies:
- ein schweres Verbrechen gegen den Erblasser oder einen nahen Angehörigen (z. B. Mordversuch)
- eine schwere Verletzung familienrechtlicher Pflichten (z. B. Ehebruch, Vernachlässigung der Unterstützungspflicht)

Beispiel: «Unsere Tochter bereitet meiner Frau und mir schlaflose Nächte. Sie hat sich in einen schwarzen Flüchtling aus dem Kongo verliebt und will ihn um jeden Preis heiraten. Unsere wohlgemeinten Warnungen schlägt sie in den Wind. Können wir unsere Tochter enterben? Selbstverständlich würden wir die Enterbung wieder rückgängig machen, sobald unsere Tochter Vernunft annimmt und die Scheidung einreicht.» Ein nach Ansicht der Eltern ungefreuter Schwiegersohn stellt keinen Enterbungsgrund dar.

Ob eine schwere Verletzung familienrechtlicher Pflichten vorliegt, hängt nach der Gerichtspraxis von den Umständen und den Sitten und Anschauungen der betreffenden Kreise ab. In den folgenden Fällen wird die Enterbungsmöglichkeit in der Gerichtspraxis bejaht:

● Die Tochter hat grundlos Ehemann und Kinder verlassen, um mit dem Geliebten zusammenzuleben.

● Der Sohn bezichtigte unbegründeterweise seinen Vater strafbarer Handlungen und reichte gegen ihn Klage ein.

● Der Sohn hat bei der Verteilung des grossväterlichen Nachlasses einen Betrugsversuch unternommen.

● Der Sohn sprach seine Mutter nur noch mit «Sie» an, um ihr seine Abneigung zu bekunden.

In diesen Fällen wurde vom Gericht die Enterbungsmöglichkeit verneint:

● Der Sohn hat den Vater als Konkurrent geschäftlich geschädigt.

● Die Tochter hat im Scheidungsprozess ehrenrührige, aber wahrheitsgemässe Zeugenaussagen gegen den Vater gemacht.

● Der Ehemann hat ohne grobes Verschulden einen Teil des Vermögens seiner Frau verspekuliert.

● Der Bruder war arbeitsscheu und trunksüchtig.

● Der Sohn mit neurotischer Persönlichkeit, Frauen hörig, riss seine Mutter mit in die Schulden.

Ehebruch ist nicht nur ein Scheidungs-, sondern auch ein Enterbungsgrund. Da das Erbrecht zwischen Ehemann und Ehefrau erst mit der Scheidung, nicht aber mit einer (gerichtlichen) Trennung erlischt, hilft bei einem schwerwiegenden Verstoss gegen familienrechtliche Pflichten nur die Enterbung.

Die Enterbung wirkt nur gegen den Enterbten selbst. Hingegen bleibt das Pflichtteilsrecht der Nachkommen des Enterbten gewahrt. Dies im Gegensatz zum *Erbverzicht*, der umfassend – für den Verzichtenden und seine Erben – wirkt. Will sich der Erbe gegen die Enterbung zur Wehr setzen, steht ihm ebenfalls die *Herabsetzungsklage* offen. Dies bedeutet, dass er – auch wenn die Klage gutgeheissen wird – nur den Pflichtteil erhält.

Weil der Erblasser den Erben mit der Enterbung strafen will, wird sie auch *Strafenterbung* genannt. Dies im Gegensatz zur *Präventiventerbung*.

Beispiel: «Unser Sohn ist nach der Scheidung in finanzielle Schwierigkeiten geraten. Die Aufnahme von Kleinkrediten hat die Sache noch verschlimmert. Mich schmerzt die Vorstellung, dass die Banken nach meinem Tode die lachenden Erben sind. Gibt es keinen Ausweg?» Doch – der Vater kann seinen Sohn zur Hälfte enterben, sofern dieser Kinder hat oder noch bekommt.

Bestehen gegen einen Nachkommen des Erblassers Verlustscheine, so kann ihm der Erblasser die Hälfte seines Pflichtteils entziehen, wenn er diese den vorhandenen und später geborenen Kindern desselben zuwendet. Diese Enterbung fällt jedoch auf Begehren des Enterbten dahin, wenn bei der Eröffnung des Erbganges keine Verlustscheine mehr bestehen oder wenn deren Gesamtbetrag einen Viertel der Erbschaft nicht übersteigt.

In engem Zusammenhang mit der Enterbung steht die *Erbunwürdigkeit*. Wenn der Erblasser die Enterbung nicht mehr aussprechen kann (z. B. weil er vom Erben ermordet wurde), erklärt das Gesetz einen solchen Erben oder Vermächtnisnehmer als erbunwürdig. Die Unwürdigkeit, Erbe zu sein, besteht nur für den Missetäter selber. Seine Nachkommen beerben den Erblasser, als ob der Erbunwürdige vorverstorben wäre (vgl. 1. Kapitel, Grundregel 2). Neben vorsätzlicher Tötung wird als erbunwürdig angesehen,

● wer den Erblasser bewusst in einen Zustand der bleibenden Verfügungsunfähigkeit versetzt (z. B. durch Drogen).

● wer den Erblasser daran hindert, ein Testament zu errichten oder eine bereits erstellte letztwillige Verfügung zu widerrufen.

● wer ein Testament beseitigt, dessen Erneuerung nicht mehr möglich ist.

Jeder Krimi-Leser wird mit dieser Problematik bestens vertraut sein.

Auf einen Blick:
Wie hoch ist der Pflichtteil?

	Quote	Hinterlassene
Erblasser/in: ledig, geschieden oder verwitwet,	je ¼ vQ. ½	beide Eltern
	¼ - vQ. ¾	ein Elternteil Geschwister
	¼ - - vQ. ¾	ein Elternteil Geschwister Nichten/Neffen
	½ - vQ. ½	ein Elternteil Verwandte des vorverstorbenen Elternteils
	- vQ. ¹/₁	Geschwister
	- - vQ. ¹/₁	Geschwister Nichten/Neffen
Erblasser/in: ledig, geschieden oder verwitwet, mit Kindern	¾ vQ. ¼	Kinder
Erblasser/in: verheiratet oder getrennt, mit Kindern	¼ ⅜ vQ. ⅜	Ehegatte/in Kinder

	Quote	Hinterlassene
Erblasser/in:	$\frac{3}{8}$	Ehegatte/Ehegattin
verheiratet	je $\frac{1}{16}$	beide Eltern
oder getrennt,	vQ. $\frac{1}{2}$	
kinderlos	$\frac{3}{8}$	Ehegatte/Ehegattin
	$\frac{1}{16}$	ein Elternteil
	-	Geschwister
	vQ. $\frac{9}{16}$	
	$\frac{3}{8}$	Ehegatte/Ehegattin
	$\frac{1}{16}$	ein Elternteil
	-	Geschwister
	-	Neffen/Nichten
	vQ. $\frac{9}{16}$	
	$\frac{3}{8}$	Ehegatte/Ehegattin
	$\frac{1}{8}$	ein Elternteil
	-	Verwandte des vorverstorbenen Elternteils
	vQ. $\frac{1}{2}$	
	$\frac{3}{8}$	Ehegatte/Ehegattin
	-	Geschwister
	vQ. $\frac{5}{8}$	
	$\frac{3}{8}$	Ehegatte/Ehegattin
	-	Geschwister
	-	Neffen/Nichten
	vQ. $\frac{5}{8}$	

vQ. = verfügbare Quote

Erbrecht der Ausländer in der Schweiz und der Schweizer im Ausland

Das internationale Erbrecht ist nicht im Zivilgesetzbuch, sondern im «Bundesgesetz über das Internationale Privatrecht» (früher «Bundesgesetz betr. die zivilrechtlichen Verhältnisse der Niedergelassenen und Aufenthalter vom 25. Juni 1891») geregelt. Grundsätzlich gilt das Prinzip der Rechtswahl, wonach Erblasser die Erbfolge dem Heimatrecht unterstellen können. Dies ist vor allem dann von Bedeutung, wenn das Heimatrecht in der Ausgestaltung des Pflichtteilsrechts vom Recht des Aufenthaltsorts abweicht.

Für Schweizer im Ausland gilt

Sofern der ausländische Gesetzgeber die Schweizer seinem Recht unterwirft, gilt grundsätzlich das ausländische Recht. Der Erblasser kann jedoch sein in der Schweiz liegendes Vermögen oder seinen gesamten Nachlass durch Testament oder Erbvertrag dem schweizerischen Recht unterstellen.

Verzichtet der ausländische Gesetzgeber auf sein Recht gegenüber dem in seinem Staat wohnhaften Schweizer, gilt automatisch das schweizerische Erbrecht. Zuständig für den Nachlass sind die Behörden oder Gerichte am Heimatort.

Für Ausländer in der Schweiz gilt

Die Erbfolge richtet sich nach dem letzten Wohnsitz des Erblassers, also nach schweizerischem Recht.

Vorbehalten bleiben aber immer separate Regelungen zwischen den einzelnen Staaten, sogenannte *Staatsverträge*. So bestimmt beispielsweise der Staatsvertrag mit Frankreich vom 15. Juni 1869, dass für Franzosen mit letztem Wohnsitz in der Schweiz das französische Recht und der Gerichtsstand des letzten französischen Wohnsitzes gelten. Für die Schweizer mit letztem Wohnsitz in Frankreich gilt das Recht des Heimatkantons.

Ausländer können den Nachlass in einem Testament oder Erbvertrag dem Heimatrecht unterstellen.

4. Kapitel

Besondere Fälle

Dieses Kapitel enthält für gründliche Leserinnen und Leser wenig Neues. Aufgrund der Stammesordnung (1. Kapitel) haben sie begriffen, wie in der Schweiz geerbt wird. Seit dem 2. Kapitel wissen sie, wie man über den Nachlass verfügen kann; und im 3. Kapitel haben sie die Schranken ihrer Verfügungsfreiheit kennengelernt. Eiligen Leserinnen und Lesern sei jedoch an dieser Stelle nochmals ein Einstieg ohne Zeitverlust vergönnt.

Ledig und frei

*«Bleibst Du ledig oder freist Du,
immer wird es Dich gereun.»*

Sokrates

Gedacht ist hier nicht nur an den berühmten Erbonkel oder die Erbtante. Alle ledigen und kinderlosen Personen sollten sich über die Regelung ihres Nachlasses Gedanken machen. Hinterlässt der ledige Onkel oder die Tante kein Testament, erben ihre nächsten Verwandten alles. In den meisten Fällen werden das Geschwister oder, bei deren Vorversterben, Nichten und Neffen sein.

Durch ein Testament kann diese Erbfolge nun verändert werden. Wenn die Eltern bereits gestorben sind, müssen keine Pflichtteilsrechte mehr beachtet werden. Seit dem 1. Januar 1988 ist das Pflichtteilsrecht der Geschwister in der *ganzen* Schweiz aufgehoben worden. Der Erblasser oder die Erblasserin sind völlig frei, wen sie mit ihrem Vermögen beglücken wollen.

61

Alles an die «lachenden Erben»?

Statt das gesamte Vermögen Erben zu hinterlassen, die man nicht oder kaum kennt, wäre es eine Überlegung wert, ob nicht beispielsweise der örtliche Krankenpflegeverein oder Institutionen, die tätige Nächstenliebe üben, bedacht werden sollten. Die Erfahrung zeigt, dass die Dankbarkeit bei den «lachenden Erben» meistens an einem kleinen Ort Platz hat. Dies zeigt sich etwa in Diskussionen, wer den Grabunterhalt machen müsse.

Und wenn beim Tod alles aufgebraucht ist? Es muss ja nicht gerade so sein, wie es Goethe seinem Hans Liederlich in den Mund legt:

> *«Wenn ich scheid' aus diesem Elend*
> *Und lass' hinter mir ein Testament,*
> *So wird daraus nur ein Zank,*
> *Und weiss mir niemand keinen Dank.*
> *Alles verzehrt vor meinem End,*
> *Das macht ein richtig Testament.»*

Goethe hat schon recht. Das Problem liegt einzig darin, dass der Zeitpunkt des Todes nicht bekannt ist. Und in den meisten Fällen ist es ja auch nicht der genussreiche Lebenswandel, der die Sparbatzen wegrafft, sondern es sind die Pensionspreise im Altersheim, Spital- und Arztrechnungen . . .!

An dieser Stelle gilt es, einer weitverbreiteten Unsicherheit entgegenzutreten: Trotz Testament kann der Erblasser verbrauchen, was er will oder muss. Verteilt wird nur das, was beim Tod tatsächlich noch vorhanden ist.

In der Praxis stellen sich Probleme, wenn ein Testament errichtet wird, das Vergabungen in Frankenbeträgen vorsieht, und beim Tod nicht mehr alle Ansprüche abgedeckt werden können. Um diese Unsicherheit zu beseitigen, bietet sich eine einfache Lösung an: Statt mit Frankenbeträgen, wird mit *Prozenten* gearbeitet. Der Nachlass, sei er Fr. 50 000.- oder Fr. 200 000.-, ist immer 100 %. Wird der Heilsarmee 5 % des Nettonachlasses zugewendet, errechnet sich dieser Betrag immer vom tatsächlich noch vorhandenen Vermögen. Dieses Vorgehen schafft unliebsame Diskussionen aus der Welt.

Testamentsbeispiel mit Prozentanteilen

Letztwillige Verfügung

Vor der Notarin N. N. ist heute zwecks Errichtung einer letztwilligen Verfügung erschienen:

Frau Ida Schmid, 1918, von Baden, in 4332 Stein, Davidstr. 8

Diese hat der Notarin ihren Willen mitgeteilt und sie beauftragt, diese Urkunde abzufassen. Der letzte Wille von Frau Ida Schmid lautet:

I.

Ich widerrufe sämtliche letztwilligen Verfügungen, die ich jemals getroffen haben sollte.

II.

Als Erben über die Hälfte des Nachlasses setze ich folgende Institutionen ein:

5 % (fünf Prozent)   für den Krankenpflegeverein Herznach
10 % (zehn Prozent) für die Werkstätte für Behinderte Fricktal
30 % (dreissig Prozent) gehen an das Schweiz. Rote Kreuz
 5 % (fünf Prozent) gehen an die Heilsarmee
50 %

III.

Als Erben für die restlichen 50 % meines Nachlasses setze ich zu gleichen Teilen meine zwei Geschwister ein:

— Annarös Hasler-Schmid, 1920, von und in Münchwilen, Haus Schwarzwaldblick
— Konrad Schmid, 1923, von Herznach, in Pratteln, Jungstrasse 99

Sollten die eingesetzten Erben vor mir versterben, treten an ihre Stelle deren Nachkommen zu gleichen Teilen nach Stämmen.

IV.

Als Willensvollstreckerin setze ich letztwillig ein:
Die Verfasserin dieser Urkunde, Notarin N. N.

Eine Kombination mit Vermächtnissen (in Frankenbeträgen) ist ohne weiteres möglich, indem die eingesetzten Erben verpflichtet werden, zu Lasten ihres Erbteils noch Vermächtnisse auszurichten. Die testamentarische Bestimmung könnte dann so lauten:

> Meine gemäss Ziff. II eingesetzten Erben verpflichte ich, zu Lasten ihres Erbteils innert drei Monaten nach meinem Tod folgende Vermächtnisse auszurichten:
>
> Fr. 3000.- (Franken dreitausend) an die Caritas Schweiz
>
> Fr. 3000.- (Franken dreitausend) an das «HEKS»

Bei Vermächtnissen empfiehlt sich, eine Frist für die Ausrichtung zu setzen, weil der Vermächtnisnehmer Anspruch auf einen Verzugszins hat, wenn die eingesetzten Erben die Auszahlung der Vermächtnisse nicht innert den vorgeschriebenen drei Monaten vornehmen.

Das Konkubinat und seine Tücken

Das Zusammenleben ohne Trauschein ist eine weitverbreitete Zeiterscheinung. Als Vorteile dieser Lebensform werden etwa genannt:

- Ehe auf Probe ohne die strenge rechtliche Bindung
- steuerliche Vorteile (Progression)
- kein Verlust der Witwen- und Scheidungsrente (zumindest für gewisse Zeit)
- Rentenvorteile bei der AHV

Trotz der grossen Verbreitung und der vielfältigen Probleme, die ein Konkubinat – vor allem bei der Auflösung – mit sich bringt, fehlt eine Regelung im Gesetz.

Auch das Erbrecht befasst sich *nicht* mit den Konkubinatspartnern. Erbrechtlich gesehen leben zwei Personen in einem gemeinsamen Haushalt. Jeder Partner hat eine eigene Vermögensmasse, die sich bei seinem Tod an seine gesetzlichen Erben weitervererbt.

- Weil der Partner oder die Partnerin nicht gesetzliche Erben sind, erben sie folgerichtig keinen roten Rappen – es sei denn, sie werden in einem Testament oder Erbvertrag begünstigt.

Ist aus der «Konkubinatsehe» ein Kind hervorgegangen, sind die erbrechtlichen Verhältnisse einfach. Das Kind erbt den ganzen Nachlass des Vaters und der Mutter, weil es der nächste gesetzliche Erbe ist. In diesen Fällen muss einzig geprüft werden, ob für den überlebenden Partner finanziell genügend vorgesorgt ist oder ob sich nicht zusätzliche Begünstigungsmassnahmen aufdrängen. Das Mittel in diesem wie auch in den nachfolgenden Fällen ist der *Erbvertrag*. In jedem Fall notwendig ist eine saubere Regelung der Verhältnisse, wenn

- einer oder jeder Partner bereits Nachkommen aus einer früheren Ehe oder einem Konkubinat hat.
- jeder Partner gesetzliche Erben mit unterschiedlicher Erbenqualität (Pflichtteil) besitzt.
- eine maximale Begünstigung zur finanziellen Absicherung des überlebenden Partners gewünscht wird.
- gemeinsam eine Liegenschaft gebaut, gekauft oder ein Geschäft aufgebaut wurde.

In der Regel kann eine umfassende, den individuellen Verhältnissen angepasste Regelung mit den folgenden Massnahmen erreicht werden:

- Zuwendung der verfügbaren Quote an den Konkubinatspartner oder die Partnerin
- Teilungsvorschriften (z. B. hälftiger Miteigentumsanteil an der Liegenschaft)
- Begünstigung über Versicherungspolicen
- Erbverzicht mit konkurrierenden Pflichtteilserben

Durch die Scheidung werden von Gesetzes wegen auch die erbrechtlichen Bindungen gelöst. Anders beim Konkubinat: Ein einmal abgeschlossener Erbvertrag behält grundsätzlich seine Gültigkeit auch bei Auflösung des Konkubinats. Aus diesem Grund ist dringend zu empfehlen, bereits beim Abschluss des Vertrages festzuhalten, *unter welchen Bedingungen* der Vertrag wieder dahinfalle. Dies kann beispielsweise sein:

- wenn der Konkubinatsvertrag gekündigt oder aufgelöst wird.
- wenn der gemeinsame Wohnsitz aufgehoben wird.

Beispiel eines Konkubinatsvertrages

**Erbvertrag zwischen nicht verheirateten Personen
mit Vereinbarungen unter Lebenden**

zwischen
- Müller Liselotte, 1959, von Weinfelden, in 4313 Möhlin, Kümmerlistrasse 18

und
- Geissmann Klaus, 1958, von Bibrist, in 4313 Möhlin, Kümmerlistrasse 18

Die beiden Vertragsparteien stellen fest und vereinbaren:

I. Feststellungen

1. Zivilstandsmässige Angaben: Frau Müller sowie Herr Geissmann sind beide ledig, ohne Nachkommen.

2. Tatbestand des Zusammenlebens und der verschiedenen Eigentumszugehörigkeit

2.1 Wir stellen fest, dass wir seit ca. 6 Jahren zusammenleben und gemeinsam verschiedene Vermögenswerte wie Sparguthaben, Mobiliar, Hausgeräte etc. erspart haben.

2.2 Wir stellen fest, dass wir gewisse Vermögenswerte je gesondert zu Eigentum besitzen. Im beigeschlossenen Inventar haben wir jene Gegenstände angegeben, die wir je gesondert zu Eigentum besitzen. Wir werden dieses Inventar alljährlich auf Jahresende nachführen.

2.3 Wir stellen fest, dass alles Vermögen, das nicht in diesen je gegenseitig unterzeichneten Inventarien nachgeführt ist, als uns gemeinsam gehörendes Gesamteigentum zu vermuten ist.

II. Vereinbarung der einfachen Gesellschaft und des Gesamteigentums

Demgemäss stellen wir fest, dass alles, was wir während des gemeinsamen Zusammenlebens angeschafft haben, je uns gemeinsam zu Gesamteigentum infolge einfacher Gesellschaft gehört. Sollten wir diese Gemeinschaft aus irgendeinem Grund eines Tages auflösen, so gehört die eine Hälfte dieser Gesamtgüter der Partnerin und die andere Hälfte dem Partner. Können sich die beiden Gesellschafter über die Zuteilung allenfalls nicht gütlich einigen, so werden die streitigen Vermögenswerte intern in Gegenwart eines Notars versteigert oder, sofern beide Partner dies wünschen, bewertet und in Gegenwart eines Notars ausgelost, sofern beide Gesellschafter zurzeit der Auflösung der Gemeinschaft noch leben.

III. Verfügung von Todes wegen

Im Sinn eines Erbvertrages vereinbaren wir folgendes:

1. Aufhebung bisheriger Verfügungen

Wir heben hiermit je allfällige bisherige Verfügungen von Todes wegen ausdrücklich auf.

Von dieser Aufhebungsverfügung ausgeschlossen sind einzig allfällige Begünstigungserklärungen gegenüber Versicherungsgesellschaften und/oder gegenüber Vorsorgeeinrichtungen.

2. Erbeinsetzung und Pflichtteilssetzung

Für den Fall, dass ein Partner den andern während des Bestehens der Gemeinschaft überlebt, ist der überlebende Partner Universalerbe des vorverstorbenen Partners, d. h., die gesetzlichen Erben des vorverstorbenen Partners werden auf den Pflichtteil gesetzt. Soweit sie nicht pflichtteilsberechtigt sind, erben sie nichts.

In diesem Fall gehören sämtliche vorhandenen Vermögenswerte, die zum Gesamtgut gehören, allein dem überlebenden Partner. Dieser hat die Pflichtteile der pflichtteilsberechtigten Erben des vorverstorbenen Partners in bar auszubezahlen, soweit er und die Erben des vorverstorbenen Partners sich nicht anderweitig einigen.

3. Gemeinsames Versterben der beiden Partner

Für den Fall, dass wir gleichzeitig versterben, gehört die eine Hälfte des Gesamtgutes den gesetzlichen Erben der Partnerin und die andere Hälfte den gesetzlichen Erben des Partners. Der Zuteilungsmodus gemäss II. hievor ist analog anwendbar. Der individuelle Nachlass, d. h. die Eigengüter, gehen je an die gesetzlichen Erben der Partner. Für die Erbberufung gilt die gesetzliche Erbfolge.

4. Einsetzung eines Willensvollstreckers

Für den Fall des Versterbens eines der Partner bzw. des gleichzeitigen Versterbens beider Partner setzen wir je letztwillig als Willensvollstrecker und Erbschaftsliquidator ein:

5. Feststellung des Dahinfallens des Erbvertrages

Sollten sich die beiden Partner eines Tages trennen, so werden sie sich über die Zuteilung der Vermögenswerte gemäss Ziffer II. hievor gütlich auseinandersetzen. Nach Vollzug der Trennung fällt dieser Erbvertrag als gegenstandslos dahin. Die Parteien werden der guten Ordnung halber dies in einem gemeinsamen Schriftstück festhalten. Sie werden zugleich den Erbvertrag bei der Hinterlegungsstelle gemeinsam zurückziehen. Spätestens 6 (sechs) Monate nach nachweisbar vollzogener Trennung fällt der Erbvertrag überdies automatisch dahin.

5. Kapitel

Güter- und Erbrecht der Ehegatten

«Gleiches Blut, gleiches Gut und gleiche Jahre
geben die besten Ehepaare.»

Wer sorgt für wen?

«Wie kann ich am besten für meine Gattin vorsorgen?» Die Angst, dass die Ehefrau nach dem Tod ihres Mannes in finanzielle Schwierigkeiten geraten könnte, ist weit verbreitet. Ist sie auch begründet?

Wer die richtigen Fragen stellt, kann die richtigen Massnahmen treffen. Es ist zu begrüssen, dass Ehemänner sich Gedanken über die finanzielle Zukunft ihrer Frau machen. Sie sollten sich insbesondere fragen:

– Wie hoch wird die AHV-Witwenrente meiner Frau sein?
– Welche Rente ist von der Pensionskasse zu erwarten?
– Hat meine Frau genügend eigenes Vermögen?
– Werden Lebensversicherungen zur Auszahlung fällig?
– Wie hoch ist der mutmassliche Erbteil?
– Mit welchen Lebenskosten muss meine Frau rechnen?

Dabei dürfen allerdings Ehemänner nicht übersehen, dass nicht nur die Frau, sondern auch sie selbst in eine schwierige Situation geraten können; dann nämlich, wenn die Nachkommen das «Muttergut» herausverlangen. Es ist also nicht so – wie am Wirtshaustisch oft angenommen wird – dass nur immer die Ehefrau die «Leidtragende» sei; es kann ebensogut der Ehemann sein.

Um eine optimale Begünstigung des Ehegatten zu erreichen, ist es notwendig, auch das *eheliche Güterrecht* in die Überlegungen miteinzubeziehen. Eheleute können sich nicht nur durch Testament und Erbvertrag, sondern auch durch den Abschluss eines Ehevertrages, der die güterrechtlichen Verhältnisse neu regelt, begünstigen. Ein weiterer Grund tritt hinzu: Ohne vorherige güterrechtliche Auseinandersetzung kann die Erbteilung nicht vorgenommen werden.

Bevor's ans Erben geht, muss nämlich erst festgestellt werden, welches Vermögen dem verstorbenen und welches dem noch lebenden Ehegatten gehört.

Errungenschaftsbeteiligung

Viele Ehegatten denken nicht daran − oder haben kein Bedürfnis −, ihre eheliche Vermögensbuchhaltung selber in die Hand zu nehmen. Für all diese Ehepaare musste das Gesetz eine Regelung treffen, die möglichst gerecht und vernünftig ist. Die Lösung findet sich im Güterstand der *Errungenschaftsbeteiligung*. Dieser Güterstand gilt somit für alle Ehepaare kraft Gesetz, wenn sie nicht aus eigenem Antrieb eine separate Vereinbarung über ihre finanziellen Verhältnisse getroffen haben.

Um den Güterstand der Errungenschaftsbeteiligung erfassen zu können, sind zwei Begriffe auseinanderzuhalten:
- das Eigengut von Mann und Frau
- die Errungenschaft von Mann und Frau

Während der Dauer der Ehe ist jeder Partner *Eigentümer* seines Eigengutes wie seiner Errungenschaft. Selbstredend steht ihm auch das Nutzungs- und Verwaltungsrecht zu. Grafisch lassen sich die Vermögensmassen wie folgt darstellen:

Mann	Frau
● Eigengut	● Eigengut
● Errungenschaft	● Errungenschaft
Eigentum und Verwaltung des Mannes	Eigentum und Verwaltung der Frau

Zum Eigengut zählen laut Gesetz:
- Gegenstände, die dem Gatten oder der Gattin ausschliesslich zum persönlichen Gebrauch dienen
- Vermögenswerte, die dem Gatten oder der Gattin zu Beginn des Güterstandes gehören oder später durch Erbgang oder sonstwie unentgeltlich zufallen
- Genugtuungsansprüche (z. B. wegen Körperverletzung)
- Ersatzanschaffungen für das Eigengut

Zur Errungenschaft zählen:
- Arbeitserwerb
- Leistungen von Personalfürsorgeeinrichtungen, Sozialversicherungen und Sozialfürsorgeeinrichtungen.
- Entschädigung wegen Arbeitsunfähigkeit
- Erträge des Eigenguts (z. B. die Zinsen, die auf der Genugtuungssumme anfallen)
- Ersatzanschaffungen für die Errungenschaft

Jeder Vermögenswert gehört zur einen oder andern Vermögensmasse. Ist strittig, ob ein Vermögenswert zur Errungenschaft oder zum Eigengut gehört, wird gesetzlich die *Zugehörigkeit zur Errungenschaft* vermutet. Lässt sich nicht beweisen, ob ein Vermögenswert der Frau oder dem Mann gehört, so wird angenommen, er gehöre jedem zur Hälfte.

Güterrechtliche Auseinandersetzung

Sowohl beim Tod wie bei der Scheidung steht jedem Ehegatten sein Eigengut, die *Hälfte* seiner eigenen Errungenschaft und die Hälfte der Errungenschaft seines Partners zu. Dies bedeutet, dass der Ehemann am Verdienst der Ehefrau ebenfalls zur Hälfte beteiligt ist:

Mann	Frau
● Eigengut	● Eigengut
● ½ Errungenschaft ½ ──────▶	● ½ Errungenschaft ◀────── ½

Gehen wir zum Beispiel davon aus, der Ehemann habe Fr. 60 000.-
geerbt (= Eigengut), die Frau habe bei Abschluss der Ehe ein Vermögen von Fr. 20 000.- besessen (= Eigengut), und während der
Dauer der Ehe habe der Ehemann Fr. 90 000.- von seinem Verdienst erspart. Es ergibt sich folgende Darstellung:

Mann	Frau
● Eigengut 60 000.-	● Eigengut 20 000.-
● Errungenschaft 90 000.- ½ = 45 000.- ⟶	

Beim Tod des Ehemannes stehen der Ehefrau somit folgende güterrechtliche Ansprüche zu:

Eigengut der Frau	Fr. 20 000.-
½ Errungenschaft (= Vorschlag)	Fr. 45 000.-
Total güterrechtliche Ansprüche	Fr. 65 000.-

Die erbrechtliche Auseinandersetzung: Die überlebende Ehefrau
erhält gemäss der gesetzlichen Erbfolge die Hälfte des Nachlasses.

In die Erbmasse fallen folgende Vermögenswerte:

Eigengut des Ehemannes	Fr. 60 000.-
½ Errungenschaft	Fr. 45 000.-
Nachlassvermögen	Fr. 105 000.-

Erbteil der überlebenden Ehefrau ½	Fr. 52 500.-
Erbteil der Nachkommen ½	Fr. 52 500.-

Total der Ansprüche
Die Ehefrau erhält:

− aus güterrechtlichem Anspruch	Fr. 65 000.-
− aus erbrechtlichem Anspruch	Fr. 52 500.-
Total des Anspruches	Fr. 117 500.-

Im bisherigen Zahlenbeispiel sind wir davon ausgegangen, dass nur der Ehemann einen Verdienst erzielt habe (seine Errungenschaft Fr. 90 000.-). Nehmen wir an, die Ehefrau habe sich aus einem Nebenerwerb mit der Zeit Fr. 10 000.- erspart. Der Betrag von Fr. 10 000.- fällt in die Errungenschaft der Ehefrau, woran auch der Ehemann zur Hälfte beteiligt ist. Mit anderen Worten: Der Ehemann hat gegenüber seiner Frau einen Anspruch auf Fr. 5 000.-. Bei dieser Situation ergibt sich folgende Darstellung:

Mann	**Frau**
● Eigengut 60 000.-	● Eigengut 20 000.-
● Errungenschaft 90 000.-	● Errungenschaft 10 000.-

Eigentum und Verwaltung des Mannes	Eigentum und Verwaltung der Frau

Bei Auflösung der Ehe durch den Tod eines Ehegatten erhält der überlebende sein Eigengut und die Hälfte von jeder Errungenschaft. In den Nachlass des Verstorbenen fällt dessen Eigengut sowie wiederum die Hälfte beider Errungenschaften. Vom Nachlass erbt der überlebende Ehegatte die Hälfte.

Beim Tod des Mannes erhielte die Frau somit:

Aus Güterrecht	Eigengut	Fr.	20 000.-
	½ eigene Errungenschaft	Fr.	5 000.-
	½ Errungenschaft Mann	Fr.	45 000.-
		Fr.	70 000.-
Aus Erbrecht	½ Nachlass von Fr. 110 000.-	Fr.	55 000.-
		Fr.	125 000.-

Beim Tod der Frau erhielte der Mann somit:

Aus Güterrecht	Eigengut	Fr.	60 000.-
	½ eigene Errungenschaft	Fr.	45 000.-
	½ Errungenschaft Frau	Fr.	5 000.-
		Fr.	110 000.-
Aus Erbrecht	½ Nachlass von Fr. 70 000.-	Fr.	35 000.-
		Fr.	145 000.-

Was jedoch geschieht bei einem Rückschlag, d. h., wenn ein Ehegatte keine Ersparnisse machen konnte, sondern nur Schulden vorhanden sind? *Mann und Frau haften je selber für ihre Schulden!* Der Anspruch auf die hälftige Errungenschaft des sparsameren Ehegatten bleibt aber unverändert bestehen. Hätte in unserem Beispiel die Ehefrau nicht eine Errungenschaft von Fr. 10000.-, sondern Schulden in dieser Höhe, müsste sie allein für diese aufkommen. Vom Ehemann kann sie jedoch gleichwohl die hälftige Errungenschaft von Fr. 45000.- fordern.

Die Vorschlagsberechnung

Das neue Gesetz gibt klare Anweisungen, wie die Vorschlagsberechnung vorzunehmen sei. Folgende Grundsätze lassen sich festhalten:

● Errungenschaft und Eigengut werden nach ihrer Höhe im Zeitpunkt der Auflösung des Güterstandes ausgeschieden.

● Im Todesfall ist somit der Todestag massgebend; im Scheidungsfall bestimmt das kantonale Prozessrecht den Zeitpunkt (z. B. Abschluss des Rechtsschriftenwechsels).

● Wenn Schulden der Errungenschaft aus Mitteln des Eigengutes bezahlt wurden oder umgekehrt Schulden des Eigengutes aus Mitteln der Errungenschaft, besteht eine *Ersatzforderung*.
Beispiel: Die Eheleute kaufen eine neue Wohnwand. Der Verdienst (Errungenschaft) reicht nicht ganz, und die Ehefrau steuert noch Fr. 3000.- aus dem väterlichen Erbe (Eigengut) bei. Die Ehefrau besitzt nun eine Ersatzforderung von Fr. 3000.- gegenüber der Errungenschaft.

● Zu den Schulden gehören beispielsweise auch Erbvorbezüge, die ohne Zustimmung des andern Ehegatten ausgerichtet wurden. Bei der güterrechtlichen Auseinandersetzung kann der berechtigte Ehegatte unter Umständen das Geld wieder zurückfordern. Diese Regel (Art. 220 ZGB) gilt auch bei den nachstehenden Vermögensentäusserungen.

Zur Errungenschaft werden ferner hinzugerechnet:
● unentgeltliche Zuwendungen, die ein Ehegatte während der letzten fünf Jahre vor Auflösung des Güterstands *ohne Zustimmung* des andern gemacht hat

- Vermögensentäusserungen, die ein Ehegatte gemacht hat, um den Beteiligungsanspruch des andern zu schmälern (an keine Frist gebunden)

Beispiel: Der Ehemann hat nebst der Ehefrau noch eine Freundin, der er teuren Schmuck kauft. Bei der güterrechtlichen Auseinandersetzung fehlt logischerweise das Geld, das der Mann für den Schmuck seiner Freundin aufwendete. In entsprechender Höhe erfolgt nun eine Aufrechnung. Die Ehefrau ist zur Hälfte am Betrag beteiligt.

Der Mehrwertanteil

Durch das neue Güterrecht wurde in das Gesetz auch eine «Mehrwertbeteiligung» eingefügt, welche die Vorschlagsberechnung beeinflusst. Der Grund für dieses neue Rechtsinstitut liegt in folgendem: Angenommen, der Mann habe ein Haus zum Verkehrswert von Fr. 400 000.- auf Anrechnung geerbt. Sein Erbteil beträgt Fr. 300 000.-. Die Frau stellt ihm daher aus ihren Mitteln einen Betrag von Fr. 100 000.- für die Restfinanzierung zur Verfügung. Zehn Jahre später, im Zeitpunkt der güterrechtlichen Auseinandersetzung, weist die Liegenschaft einen Wert von Fr. 600 000.- auf. Nach altem Recht stand der Frau nur eine Ersatzforderung von Fr. 100 000.- ohne Zins zu, auch wenn der Wert der Liegenschaft in der Zwischenzeit gestiegen war. Hier will nun das Gesetz Abhilfe schaffen und den Ehegatten, der eine Leistung erbracht hat, am Mehrwert *anteilsmässig zu seinem Kapitaleinsatz* beteiligen. Auf unser Beispiel bezogen, ergibt sich folgende Mehrwertberechnung:

Verkehrswert der Liegenschaft heute	Fr. 600 000.-
Verkehrswert der Liegenschaft bei Übernahme	Fr. 400 000.-
Mehrwert	Fr. 200 000.-
Leistungen Ehemann ¾	Fr. 300 000.-
Leistungen Ehefrau ¼	Fr. 100 000.-
Übernahmewert	Fr. 400 000.-

Der Mehrwert von Fr. 200 000.- wird nun im Verhältnis zur Beteiligung aufgeteilt. Dem Ehemann werden somit Fr. 150 000.- zugeschrieben, während die Ehefrau zu ihrem Kapitalbetrag von

Fr. 100 000.- noch einen Mehrwertanteil von Fr. 50 000.- bekommt. Der Mehrwertanteil fällt nach Auffassung des Autors, entgegen der herrschenden Lehrmeinung, *immer* in die Errungenschaft des berechtigten Ehegatten, selbst dann, wenn der Beitrag aus dem Eigengut ausgerichtet wurde. Dies ist deshalb gerechtfertigt, weil der Ertrag aus dem Eigengut ebenfalls der Errungenschaft zugezählt wird. Hätte also die Frau den Betrag von Fr. 100 000.- nicht ihrem Mann, sondern der Bank anvertraut, würden die Zinsen ebenfalls der Errungenschaft zugerechnet.

Wenn die Liegenschaft nach zehn Jahren nur noch Fr. 350 000.- wert ist, also eine Wertminderung eintrat, hat dies auf die Ersatzforderung der Ehefrau von Fr. 100 000.- keinen Einfluss. Ihr Anspruch bleibt ungeschmälert bestehen, *d. h., es gibt keine Minderwertbeteiligung*.

Die Absicht des Gesetzgebers, in diesem Bereich nach gerechteren Lösungen zu suchen, ist lobenswert. Bei der praktischen Festlegung dieses Mehrwertanteils dürfte es allerdings zu langwierigen Auseinandersetzungen kommen. Liegenschaftsexperten und Advokaten werden sich über diesen Artikel nicht zu beklagen haben. Vielleicht ist dies der Grund, dass die Mehrwertbeteiligung zwischen den Eheleuten *durch Schriftlichkeit (also ohne Ehevertrag) ausgeschlossen oder abgeändert werden kann.*

Der Ehevertrag und seine Möglichkeiten

Durch die Errungenschaftsbeteiligung stellt der Gesetzgeber eine *Grundregel* für alle Ehepaare auf, die sich nicht eigens mit der Vermögensverteilung befassen wollen. Durch einen *Ehevertrag* können die Eheleute ihre Vermögensbuchhaltung selber in die Hand nehmen und eine individuelle, massgeschneiderte Lösung suchen.

Der Ehevertrag kann mit rückwirkender Kraft versehen werden. Dies bedeutet, dass die Rechtswirkungen des Ehevertrages auf den Zeitpunkt der Heirat zurückbezogen werden, auch wenn der

Ehevertrag erst nach 20 Ehejahren abgeschlossen wird. Durch einen Ehevertrag können folgende Ziele anvisiert werden:

- möglichst optimale Begünstigung des überlebenden Ehegatten (meistens in Kombination mit einem Erbvertrag)
- Ausschalten des Pflichtteilsrechts der Eltern bei kinderlosen Ehen (Gütergemeinschaft)
- Begünstigung des Geschäftsnachfolgers (6. Kapitel)
- Sicherung der eigenen Vermögensposition oder derjenigen des Ehepartners (Erklärung zu Eigengut/Gütertrennung)

Allerdings sind die Eheleute in der Gestaltung ihrer Vermögensverhältnisse nicht völlig frei, sie haben sich an bestimmte Vertragstypen zu halten:

- abgeänderte Errungenschaftsbeteiligung
- Gütergemeinschaft
- Gütertrennung

Die abgeänderte Errungenschaftsbeteiligung

Nach der gesetzlichen Regelung steht jedem Ehegatten die Hälfte seiner eigenen und die Hälfte der Errungenschaft (Vorschlag) des andern Ehegatten zu.

Durch Ehevertrag kann nun eine andere Beteiligung am Vorschlag vereinbart werden. Gegenüber *gemeinsamen* Nachkommen sind dieser «anderen Beteiligung» keine Grenzen gesetzt, d. h., es kann die ganze Errungenschaft dem überlebenden Ehegatten zugewendet werden.

Auf unser Beispiel bezogen (S. 73), könnte die Ehefrau ihre ganze eigene Errungenschaft von Fr. 10000.- behalten, und zusätzlich würde sie auch die ganze Errungenschaft ihres Mannes von Fr. 90000.- erben.

In die Erbmasse des Mannes fallen daher nur noch Fr. 60 000.-
(sein Eigengut), an denen die Ehefrau nochmals zur Hälfte mit
Fr. 30 000.- beteiligt ist. Da die Nachkommen auf diese Weise stark
zurückgesetzt werden, gilt diese Regelung nur gegenüber gemeinsamen Nachkommen. *Nichtgemeinsame* Kinder müssen sich Pflichtteilsverletzungen durch derartige ehevertragliche Zuwendungen
nicht gefallen lassen.

**Beispiel: Ehevertrag
mit Zuwendung des ganzen Vorschlages**

Ehevertrag auf Errungenschaftsbeteiligung
Vor dem Notar N. N. sind heute zwecks Errichtung eines
Ehevertrages erschienen:

- Fröhlich-Koch Olivia, 1934, von Klingnau, in Effingen
- Fröhlich Hans-Jakob, 1933, von Klingnau, in Effingen

Die Ehegatten haben dem unterzeichneten Notar ihren
Willen mitgeteilt und ihn beauftragt, darüber diese Urkunde
als Ehevertrag zu verfassen. Die Ehegatten erklären:

I. Feststellungen
1. Wir haben am 19. Mai 1957 vor dem Zivilstandsamt in Frei-
   enwil geheiratet.
2. Unser erster ehelicher Wohnsitz war in der Schweiz.
3. Bezüglich unserer güterrechtlichen Verhältnisse haben wir
   bis heute keine Vereinbarung getroffen, so dass wir unter
   dem ordentlichen Güterstand der Errungenschaftsbeteiligung stehen.
4. Aus unserer Ehe sind folgende Kinder hervorgegangen:
   - Claudio, 1957
   - Elvira, 1959
   - Marianne, 1960

II. Feststellung der Eigengüter
1. Die Ehefrau hat folgende Vermögenswerte in die Ehe eingebracht, welche als ihr Eigengut zu behandeln sind:
   - Fr. 10 000.- in bar
   - die Aussteuer

---

2. Der Ehemann hat folgende Vermögenswerte in die Ehe eingebracht, welche als sein Eigengut zu behandeln sind:
   − Fr. 4800.-
   − das Automobil «Fiat»

3. Das gesamte übrige Vermögen wurde gemeinsam erarbeitet und stellt somit Errungenschaft dar.

III. Ehevertragliche Vereinbarungen

1. Für den Fall der Auflösung unserer Ehe durch den Tod eines Ehegatten vereinbaren wir, dass die Gesamtsumme beider Vorschläge ganz dem überlebenden Ehegatten zusteht.

2. Wird unser Güterstand hingegen aus anderen Gründen gemäss Art. 217 ZGB (z. B. Scheidung) aufgelöst, so gelten die gesetzlichen Vorschriften für die Teilung unserer Vorschläge (Art. 215 ZGB).

3. Die güterrechtliche Auseinandersetzung richtet sich in jedem Fall der Auflösung des Güterstandes für die ganze Dauer der Ehe nach den Vorschriften über die Errungenschaftsbeteiligung.

Andere Zinsregelung

Hat die Ehefrau beispielsweise eine Erbschaft von Fr. 100 000.- gemacht, fallen die entsprechenden Zinsen in ihre Errungenschaft. Die Eheleute können nun durch Ehevertrag vereinbaren, dass auch diese Zinsen voll zum Eigengut geschlagen werden. Dadurch vermehrt sich das Eigenvermögen der Ehefrau, d. h., beim Vorversterben des Ehemannes steht ihr der Betrag von Fr. 100 000.- nebst Zins allein zu.

Beispiel aus einem Ehevertrag: «Wir vereinbaren nach Art. 199 Abs. 2 ZGB, dass alle Erträge des Eigenguts der Ehefrau ihr Eigengut bleiben und nicht in ihre Errungenschaft fallen.»

«Gewerbliche» Vermögenswerte als Eigengut

Vermögenswerte der Errungenschaft, die für die Berufsausübung oder den Betrieb eines Gewerbes bestimmt sind, können ebenfalls zu Eigengut erklärt werden (vgl. 6. Kapitel).

Gütergemeinschaft

Alles in einen Topf! Die Gütergemeinschaft verkörpert die ideellen Zwecke der Ehe am stärksten. Gleichwohl wollte sie der Gesetzgeber nicht allen Eheleuten vorschreiben. Er hat sich deshalb für die Errungenschaftsbeteiligung als ordentlichen Güterstand entschieden. Den Ehegatten steht es jedoch frei, Gütergemeinschaft zu vereinbaren. Bei der Gütergemeinschaft werden die Einkünfte und das Vermögen von Mann und Frau zum *Gesamtgut* vereinigt.

Mann und Frau

● Eigengut: Mann und Frau

● Errungenschaft: Mann und Frau

Gesamtgut der Gütergemeinschaft

Ausgenommen von diesem Gesamtgut sind einzig

- Gegenstände, die den Eheleuten ausschliesslich zum persönlichen Gebrauch dienen (z. B. Kleider)
- Genugtuungsansprüche (z. B. aus Körperverletzungen)

Von praktischer Bedeutung ist, dass das bei Eheabschluss vorhandene Vermögen sowie Erbschaften Bestandteil des Gesamtgutes bilden.

Der Nachteil der Gütergemeinschaft besteht in der Regelung der *Haftungsfrage*. Der Ehemann beispielsweise haftet für seine eigenen Schulden mit der Hälfte des Gesamtgutes, auch wenn das ganze Vermögen von seiner Frau stammt. Der «schuldenlose» Partner finanziert damit unter Umständen die Gläubiger des andern.

Güterrechtliche Auseinandersetzung

Die güterrechtliche Auseinandersetzung bei Gütergemeinschaft ist denkbar einfach; das Gesamtgut wird hälftig geteilt:

Eigengut Mann	Fr. 60 000.-
Eigengut Frau	Fr. 20 000.-
Errungenschaft	Fr. 90 000.-
Gesamtgut	Fr. 170 000.-
Anteil pro Ehegatte	Fr. 85 000.-

Begünstigung bei Nachkommen

Auch beim Erben sieht das Gesetz eine hälftige Teilung vor. Diese kann ehevertraglich abgeändert werden. Allerdings dürfen die Pflichtteilsrechte der Nachkommen nicht verletzt werden. Die maximal zulässige Begünstigung sieht wie folgt aus:

Ehemann ½	85 000.-
Ehefrau ½	85 000.-
Gesamtgut ¹⁄₁	170 000.-

In die Erbmasse fällt somit die Hälfte des Gesamtgutes, also Fr. 85 000.-. Der gesetzliche Anspruch der Nachkommen daran beträgt die Hälfte, also Fr. 42 500.-. Der Pflichtteil der Nachkommen beläuft sich auf ¾ des gesetzlichen Anspruchs, also

	Fr. 42 500.-
./. ¼	Fr. 10 625.-
Pflichtteil der Nachkommen	Fr. 31 875.-

Zusammenzug:	Die Ehefrau erhält	
	die Hälfte des Gesamtgutes	Fr. 85 000.-
	die Hälfte des Nachlasses	Fr. 42 500.-
	die verfügbare Quote	Fr. 10 625.-
	Total	Fr. 138 125.-

Die Gütergemeinschaft stellt dann eine hervorragende Begünstigungsmöglichkeit dar, wenn das Hauptvermögen eines Ehegatten in einer Erbschaft besteht. Durch die Gütergemeinschaft kann er $^{13}/_{16}$ seines Vermögens dem andern Partner zu Eigentum zuwenden.

Beispiel: Ehevertrag auf Gütergemeinschaft

Ehevertrag auf allgemeine Gütergemeinschaft
Vor der Notarin N. N. sind heute zwecks Errichtung eines Ehevertrages erschienen:

- Dunkel-Kraus Verena, 1944, von Gelterkinden, in 4347 Wil
- Dunkel Otto Wilhelm, 1940, von Gelterkinden, in 4347 Wil

Die Ehegatten haben der unterzeichneten Notarin ihren Willen mitgeteilt und sie beauftragt, darüber diese Urkunde als Ehevertrag zu verfassen. Die Ehegatten erklären:

I. Feststellungen

1. Wir haben am 5. Oktober 1968 vor dem Zivilstandsamt Gelterkinden geheiratet.

2. Unser erster ehelicher Wohnsitz war in der Schweiz.

3. Bezüglich unserer güterrechtlichen Verhältnisse haben wir bis heute keine Vereinbarung getroffen, so dass wir unter dem ordentlichen Güterstand der Errungenschaftsbeteiligung stehen.

4. Aus unserer Ehe ist folgendes Kind hervorgegangen:
- Silvio, 1970

II. Neuer Güterstand

Wir heben den bisherigen Güterstand auf und begründen als unseren neuen Güterstand die *allgemeine Gütergemeinschaft* im Sinn von Art. 221 ff., insbesondere Art. 222 des Schweizerischen Zivilgesetzbuches.

III. Inhalt/Begünstigung

1. Diese Gütergemeinschaft vereinigt unsere heutigen und zukünftigen Vermögen und Einkünfte zu einem Gesamtgut, das uns ungeteilt gehört. Kein Ehepartner kann über seinen Anteil daran verfügen.

Ausgenommen vom Gesamtgut sind diejenigen Gegenstände, die von Gesetzes wegen Eigengut bilden (Gegenstände zum ausschliesslichen Gebrauch eines Ehegatten sowie Genugtuungsansprüche), und Zuwendungen Dritter und Erbschaften, die einem Ehegatten als sein Eigengut zugewendet werden und von ihm nicht als Pflichtteil beansprucht werden können.

2. Bei Auflösung der Ehe durch den Tod eines Ehepartners steht *das ganze Gesamtgut dem überlebenden Ehegatten zu Alleineigentum zu.*

Er kann Pflichtteilsansprüche von Nachkommen im Sinn von Art. 241 Abs. 3 ZGB ganz oder teilweise bar oder durch Zuweisung von Vermögenswerten des Gesamtgutes nach seiner Wahl abgelten.

3. Bei anderer Auflösung der Ehe gelten die Vorschriften des Art. 242 ZGB (Rücknahme der Eigengüter; Teilung des restlichen Gesamtguts nach Hälften).

Begünstigung bei kinderlosen Ehen

Die Gütergemeinschaft bildet *die* Begünstigungsmöglichkeit bei kinderlosen Ehen. Durch die Zuwendung des Gesamtgutes an den überlebenden Ehegatten besteht keine Erbmasse mehr. Das Pflichtteilsrecht der Eltern kommt nicht mehr zur Anwendung.

Allerdings sollten sich die Eheleute auch Gedanken darüber machen, was mit dem Vermögen nach dem Tod des Zweitversterbenden geschieht. Da die Verwandtschaft des erstversterbenden Ehegatten vom Nachlass des Zweitversterbenden nichts mehr erbt, kann dies zu einem stossenden Ergebnis führen.

Beispiel: Bei einem kinderlosen Ehepaar sind die nächsten Verwandten des Ehemannes seine noch lebende Mutter und seine Geschwister. Die Eltern der Ehefrau sind bereits gestorben. Nächste

Verwandte sind Cousins und Cousinen. Der Mann hat eine Erbschaft von Fr. 200 000.- gemacht. Zusätzlich konnten während der Ehe noch gemeinsame Ersparnisse von Fr. 100 000.- auf die Seite gelegt werden.

Durch einen Ehevertrag auf Gütergemeinschaft wendet der Ehemann seiner Frau das Gesamtgut zu, so dass sie im Ergebnis Fr. 300 000.- besitzt. Der Mann stirbt; die Frau wird Eigentümerin des Geldes. Kurz darauf stirbt auch die Frau, ohne ein Testament hinterlassen zu haben.

Wer erbt? Die Cousins und Cousinen der Ehefrau erhalten die ganze Erbschaft, weil sie die gesetzlichen Erben der Ehefrau sind (*«Gut fliesst wie das Blut»*). Die Mutter und die Geschwister des Ehemannes müssen zusehen, wie die Erbschaft des Sohnes bzw. Bruders in völlig fremde Hände geht.

Die notwendige Korrektur kann durch einen *Erbvertrag* erfolgen, in dem die Eheleute beispielsweise bestimmen können:

> «Der überlebende Ehegatte ist berechtigt, durch ein Testament letztwillige Verfügungen zu treffen. Macht er von diesem Recht nicht Gebrauch, fällt die Hälfte (ev. ein anderer Prozentsatz) des Nachlasses des Zweitversterbenden an die gesetzlichen Erben des Ehemannes und die Hälfte des Nachlasses an die gesetzlichen Erben der Ehefrau.»

Ein weiterer Vorteil der Gütergemeinschaft besteht darin, dass der überlebende Ehegatte vom Nachweis seines eingebrachten Gutes entbunden ist. Es existiert nur noch das Gesamtgut.

Ausnahme: Bei der Scheidung erfolgt wieder die Zerlegung in die Eigengüter. Der Rest wird hälftig geteilt, sofern die Ehegatten nicht bereits im Ehevertrag einen andern Teilungsmodus vereinbart haben.

Neben dieser allgemeinen Gütergemeinschaft bestehen noch zwei «Abarten»:

Die Errungenschaftsgemeinschaft: Die Gütergemeinschaft wird in diesem Fall nur auf die Errungenschaft beschränkt. Daneben besteht weiter Eigengut wie bei der Errungenschaftsbeteiligung. Die Erträge des Eigenguts fallen in das Gesamtgut.

Die beschränkte Gütergemeinschaft: Durch Ehevertrag können ganz bestimmte Vermögenswerte wie Grundstücke, der Arbeitserwerb, ein Gewerbebetrieb etc. von der Gütergemeinschaft ausgeschlossen werden. Die Erträge der ausgeschlossenen Vermögenswerte werden diesen zugeordnet, fallen also nicht in das Gesamtgut.

Gütertrennung

Bei der Gütertrennung bleibt das Vermögen der Ehegatten säuberlich getrennt. Im Fall der Auflösung der Ehe muss somit keine güterrechtliche Auseinandersetzung stattfinden. Diesem Vorteil steht jedoch ein gewichtiger Nachteil entgegen: Die Ehefrau bekommt nur, was sie bereits hat. Für die haushaltführende Frau ist deshalb die Gütertrennung in der Regel nicht zu empfehlen, weil sie dabei am Verdienst des Ehemannes keinen Anteil hat.

Mein und Dein bei der Gütertrennung

Bei Gütertrennung ist jeder Ehegatte Eigentümer und Verwalter seines eingebrachten Gutes wie seines Verdienstes. Die Gütertrennung lässt sich grafisch wie folgt darstellen:

Mann	**Frau**
● Eigengut	● Eigengut
● Errungenschaft	● Errungenschaft
Eigentum und Verwaltung des Mannes	Eigentum und Verwaltung der Frau

In unserem Beispiel ergibt sich folgende Berechnung:

	Ehemann	Ehefrau
Eigengut	Fr. 60 000.-	Fr. 20 000.-
Errungenschaft	Fr. 90 000.-	Fr. —.-
Total eigenes Vermögen	Fr. 150 000.-	Fr. 20 000.-

85

Die erbrechtliche Auseinandersetzung

In die Erbmasse des Ehemannes fällt sein

Vermögen von	Fr. 150 000.-
Gesetzlicher Erbteil der überlebenden Ehefrau ½	Fr. 75 000.-
Gesetzlicher Erbteil der Nachkommen ½	Fr. 75 000.-

Die Ehefrau erhält	
ihr Vermögen	Fr. 20 000.-
ihren erbrechtlichen Anspruch (½)	Fr. 75 000.-
	Fr. 95 000.-

Wäre nicht Gütertrennung vereinbart worden, sondern hätten die Parteien unter der Errungenschaftsbeteiligung gelebt, erhielte die Ehefrau:

— ihr Eigengut	Fr. 20 000.-
— die Hälfte der Errungenschaft des Mannes	Fr. 45 000.-
— vom ehemännlichen Nachlass, bestehend aus	
Eigengut Fr. 60 000.-	
½ Errungenschaft Fr. 45 000.-	
Fr. 105 000.-	
die Hälfte, somit	Fr. 52 500.-
	Fr. 117 500.-

Begünstigung

Wie bereits am Anfang dieses Kapitels erwähnt wurde, gehören Güter- und Erbrecht untrennbar zusammen.

● Bevor die erbrechtliche Auseinandersetzung vorgenommen werden kann, hat immer die güterrechtliche zu erfolgen.

● Eine maximale Begünstigung des überlebenden Ehegatten kann in der Regel nur durch den *Abschluss eines Ehe- und Erbvertrages* erreicht werden.

● Das Güterrecht (wie das Erbrecht) gibt dem Ehegatten nicht nur den Anspruch auf Geld, sondern auch auf bestimmte Gegenstände (z. B. Liegenschaft).

● Auch bei Ehen mit gemeinsamen und/oder nichtgemeinsamen Nachkommen können Vereinbarungen des Güter- und Erbrechts zu sinnvollen Lösungen führen.

Die Begünstigungsmöglichkeiten güterrechtlicher Natur wurden bereits bei der Behandlung der einzelnen Güterstände aufgezeigt. Zwei Möglichkeiten stehen im Vordergrund:
● die Zuweisung der gesamten Errungenschaft an den überlebenden Ehegatten
● die Wahl der Gütergemeinschaft mit Zuweisung des Gesamtgutes bei kinderlosen Ehen oder $13/16$ des Gesamtgutes bei Nachkommen

Erbrechtliche Begünstigungsmöglichkeiten

Zusätzlich bietet nun auch das *Erbrecht* noch besondere Begünstigungsformen. Nach der gesetzlichen Erbfolge erhält der überlebende Ehepartner, zusätzlich zu seinen güterrechtlichen Ansprüchen, zu Eigentum:

neben Nachkommen	½
neben Erben des elterlichen Stammes	¾
neben Erben des grosselterlichen Stammes	¹⁄₁

Pflichtteilsgeschützt sind jedoch nur noch die Nachkommen, der Ehegatte und die Eltern. Das vor 1988 in einem Teil der Kantone noch bestehende Pflichtteilsrecht der Geschwister (und deren Nachkommen) wurde aufgehoben. Die Pflichtteile betragen

für Nachkommen	¾
für jedes der Eltern	½
für den überlebenden Ehegatten	½

● Durch Testament oder Erbvertrag können somit die Nachkommen oder andere gesetzliche Erben auf den *Pflichtteil* gesetzt werden. Mit der verfügbaren Quote kann der überlebende Ehegatte bedacht werden.

● Dem überlebenden Ehegatten oder der Gattin kann stattdessen *am ganzen Nachlass* die *Nutzniessung* eingeräumt werden. Diese Begünstigung gilt gegenüber gemeinsamen Nachkommen sowie gegenüber den während der Ehe gezeugten, nichtgemeinsamen Kindern und deren Nachkommen.

● Eine noch weitergehende Begünstigungsmöglichkeit stellt die Zuwendung von Eigentum *und* Nutzniessung dar. Zur Zeit ist jedoch unter den Juristen umstritten, ob die Eigentumsquote ⅜, ⅝ oder nur ⅛ beträgt.

● Mit einer Teilungsvorschrift kann der vorversterbende Ehegatte festlegen, welche Vermögenswerte der überlebende Partner auf Anrechnung an seine Ansprüche in der Teilung beanspruchen darf.

● Durch die Einsetzung eines Willensvollstreckers kann der überlebende Ehegatte zusätzlich abgesichert werden.

Die Begünstigung des überlebenden Ehegatten ist gerechtfertigt, getreu dem Ausspruch eines mittelalterlichen französischen Ritters: «Sind meine Kinder rechtschaffen und tapfer, so werden sie genug haben; sind sie nichts wert, so wäre es ein Jammer, ihnen viel zu hinterlassen.»

Ungerecht gegenüber den Nachkommen kann eine solche Begünstigung im Fall der *Wiederverheiratung* des überlebenden Ehegatten werden. Dies deshalb, weil die Nachkommen aus erster Ehe gegenüber dem Stiefvater oder der Stiefmutter kein Erbrecht mehr besitzen.

Von Gesetzes wegen verliert der Ehegatte in diesem Fall immerhin die Nutzniessung auf jenem Teil der Erbschaft, der nach den Bestimmungen über das Pflichtteilsrecht nicht mit der Nutzniessung hätte belastet werden dürfen.

Eine «Wiederverheiratungsklausel» im Testament oder Erbvertrag beugt dieser Gefahr besser vor: «Ich verfüge letztwillig, dass im Fall der Wiederverheiratung des überlebenden Ehegatten die Teilung nach gesetzlichem Güter- und Erbrecht nachvollzogen werden muss.»

Beispiele
kombinierter Ehe- und Erbverträge

Wer einen Ehe- und Erbvertrag abschliessen möchte, sollte sich vorher eingehend beraten lassen. Der Berater oder die Beraterin (Anwälte, Notare) muss insbesondere den Kreis der möglichen Miterben und die Herkunft sowie die Zusammensetzung des Vermögens kennen, damit eine massgeschneiderte Lösung entstehen kann. Die nachfolgenden Beispiele sind vor allem als Anregung gedacht.

Errungenschaftsbeteiligung
Ehevertrag vgl. S. 78

Erbvertrag
Vor der unterzeichneten Notarin N. N. sind heute zwecks Errichtung eines Erbvertrages erschienen:

- Gross-Kling Marlene, 1948, von Luzern,
  in 4325 Schupfart
- Gross Norbert, 1945, von Luzern, in 4325 Schupfart

Die Ehegatten haben der unterzeichneten Notarin ihren Willen mitgeteilt und sie beauftragt, darüber diese Urkunde als Erbvertrag zu verfassen. Der gemeinsame, übereinstimmende Wille der Ehegatten lautet:

I.

Allfällige bisherige Verfügungen von Todes wegen heben wir ausdrücklich auf. Von dieser Aufhebungsverfügung sind Begünstigungserklärungen in Versicherungspolicen und gegenüber Vorsorgeeinrichtungen ausgenommen.

II.

Bezüglich unserer güterrechtlichen Verhältnisse haben wir unter dem gleichen Datum einen Ehevertrag mit Vorschlagssummenzuweisung im Todesfall abgeschlossen.

Jener Ehevertrag bildet einen integrierenden Bestandteil dieses Erbvertrages.

III.

1. In Anwendung von Art. 471 ZGB setzen wir unsere Nachkommen
   - Claudia, 1968
   - Sybille, 1970
   - Daniela, 1971

auf den Pflichtteil.

2.1 Der vorversterbende Ehegatte von uns wendet dem nachversterbenden Ehegatten folgende Werte zu:

⅛ (ein Achtel) des Nachlasses/Eigengutes des Vorverstorbenen zu unbeschränktem und vollem Eigentum und ⅞ (sieben Achtel) zur lebenslänglichen Nutzniessung.

Sollte die Gerichtspraxis zu Art. 473 ZGB eine weitergehende Begünstigung des überlebenden Ehegatten zulassen, so tritt diese an Stelle der vorerwähnten Aufteilung Eigentum/ Nutzniessung.

2.2 Sofern der überlebende Ehegatte auf das Nutzniessungsrecht im Sinne von Art. 473 ZGB gegen Bezahlung einer Kapitalabfindungssumme aus dem Nachlassvermögen verzichten will, steht dies in seinem alleinigen Willen.

3. Dem überlebenden Ehegatten steht auch das Recht zu, anstelle der gemäss Ziff. 2 hievor getroffenen Regelung (Nutzniessungskapital) ⅝ (fünf Achtel) des Nachlasses zu unbeschränktem und vollem Eigentum zu verlangen.

4. Der überlebende Ehegatte hat in jedem Falle die Wahl, welche Vermögenswerte er auf Anrechnung in sein Eigentum überführen will.

IV.

1. Falls sich der überlebende Ehegatte wieder verheiraten sollte, hat er den Nachkommen des verstorbenen Ehegatten ½ der erhaltenen Gesamtsumme beider Vorschläge entsprechend dem erbrechtlichen Prinzip für gesetzliche Erben auszubezahlen.

2. Die Ansprüche der Nachkommen werden fällig mit dem Tag der Wiederverheiratung, und sie sind bis zu diesem Tag weder zu verzinsen noch sicherzustellen.

V.

1. Für die Teilung des Nachlasses nach dem Tod des Zweitversterbenden stellen wir folgende Vorschriften im Sinne von Art. 608 ZGB auf:

2. Wir stellen fest, dass sich folgende Nachkommen an ihren späteren Erbteilen unverzinsliche Vorempfänge anrechnen lassen müssen:

VI.

Als Willensvollstreckerin und Erbschaftsliquidatorin mit allen ihr durch Gesetz und Rechtsprechung zustehenden Rechten und Pflichten setzen wir je letztwillig ein:
Die Verfasserin dieser Urkunde, Notarin N. N.

Gütergemeinschaft
Erbvertrag (Nachkommen vorhanden) Ehevertrag vgl. S. 82

Vor dem unterzeichneten Notar N. N. sind heute zwecks Errichtung eines Erbvertrages erschienen:

- Grün-Fromm Ottilia, 1940, von Sumiswald,
  in 4334 Sisseln
- Grün Peter, 1941, von Sumiswald, in 4334 Sisseln

Die Ehegatten haben dem unterzeichneten Notar ihren Willen mitgeteilt und ihn beauftragt, darüber diese Urkunde als Erbvertrag zu verfassen. Der gemeinsame, übereinstimmende Wille der Ehegatten lautet:

I.

Allfällige bisherige Verfügungen von Todes wegen heben wir ausdrücklich auf. Von dieser Aufhebungsverfügung sind Begünstigungserklärungen in Versicherungspolicen und gegenüber Vorsorgeeinrichtungen ausgenommen.

II.

Bezüglich unserer güterrechtlichen Verhältnisse haben wir unter gleichem Datum einen Ehevertrag auf allgemeine Gütergemeinschaft abgeschlossen. Dieser Ehevertrag bildet einen integrierenden Bestandteil dieses Erbvertrages.

III.

1. Gemäss dem Ehevertrag auf allgemeine Gütergemeinschaft steht dem überlebenden Ehegatten $^{13}/_{16}$ des Gesamtguts zu Eigentum zu.

2. Statt der $^{13}/_{16}$ zu Eigentum steht dem überlebenden Ehegatten auch das Recht zu, $^{5}/_{8}$ zu Eigentum und an $^{3}/_{8}$ die lebenslängliche Nutzniessung zu wählen.

3. Sollte die Gerichtspraxis zu Art. 473 ZGB eine weitergehende Begünstigung des überlebenden Ehegatten zulassen, so tritt diese an Stelle der vorerwähnten Aufteilung Eigentum/ Nutzniessung.

4. Der überlebende Ehegatte hat in jedem Fall die Wahl, welche Vermögenswerte er auf Anrechnung in sein Eigentum überführen will.

IV.

1. Falls sich der überlebende Ehegatte wieder verheiraten sollte, hat er den Nachkommen des verstorbenen Ehegatten ½ des Gesamtguts entsprechend dem erbrechtlichen Prinzip für gesetzliche Erben auszubezahlen.

2. Die Ansprüche der Nachkommen werden erst nach dem Tod des zweitversterbenden Ehegatten zur Auszahlung fällig, sind jedoch sicherzustellen.

V.

1. Für die Teilung des Nachlasses nach dem Tod des Zweitversterbenden stellen wir folgende Vorschriften im Sinn von Art. 608 ZGB auf:

2. Wir stellen fest, dass sich folgende Nachkommen an ihren späteren Erbteilen unverzinsliche Vorempfänge anrechnen lassen müssen:

VI.
Als Willensvollstrecker und Erbschaftsliquidator mit allen ihm durch Gesetz und Rechtsprechung zustehenden Rechten und Pflichten setzen wir je letztwillig ein:
Den Verfasser dieser Urkunde, Notar N. N.

Erbvertrag (keine Nachkommen)

Vor der unterzeichneten Notarin N. N. sind heute zwecks Errichtung eines Erbvertrages erschienen:

— Hauser-Keller Betti Liselotte, 1930, von Kienberg, in Wittnau
— Hauser Günter, 1929, von Kienberg, in Wittnau

Die Ehegatten haben der unterzeichneten Notarin ihren Willen mitgeteilt und sie beauftragt, darüber diese Urkunde als Erbvertrag zu verfassen. Der gemeinsame, übereinstimmende Wille der Ehegatten lautet:

I.
Allfällige bisherige Verfügungen von Todes wegen heben wir ausdrücklich auf. Von dieser Aufhebungsverfügung sind Begünstigungserklärungen in Versicherungspolicen und gegenüber Vorsorgeeinrichtungen ausgenommen.

II.
Bezüglich unserer güterrechtlichen Verhältnisse haben wir unter gleichem Datum einen Ehevertrag auf allgemeine Gütergemeinschaft mit Zuweisung des Gesamtguts an den überlebenden Ehegatten abgeschlossen.
Dieser Ehevertrag bildet einen integrierenden Bestandteil dieses Erbvertrages.

III.
1. Der überlebende Ehegatte setzt seinen ihn überlebenden Partner als Universalerben über seinen Nachlass ein.

2. Nach dem Tod beider Ehegatten soll der verbleibende Nachlass, sofern der zweitversterbende Ehegatte keine anderslautende Verfügung von Todes wegen hinterlassen hat, gemäss gesetzlicher Erbfolge zur Hälfte unter die Erben des erst- und zur Hälfte unter die Erben des zweitversterbenden Ehegatten verteilt werden. [Hier gilt es, je nach kantonalem Recht die Steuerfolgen betreffend Erbschaftssteuern zu beachten.]

3. Sollten wir gleichzeitig versterben, gelten die Bestimmungen gemäss Ziff. 2 hievor analog.

4. Der überlebende Ehegatte ist von jeder Sicherstellungs- und Rechenschaftspflicht ausdrücklich befreit.

IV.

Als Willensvollstreckerin und Erbschaftsliquidatorin mit allen ihr durch Gesetz und Rechtsprechung zustehenden Rechten und Pflichten setzen wir je letztwillig ein:
Die Verfasserin dieser Urkunde, Notarin N. N.

Erbvertrag bei nichtgemeinsamen Kindern
Beispiel 1

Vor dem unterzeichneten Notar N. N. sind heute zwecks Errichtung eines Erbvertrages erschienen:

- Hart-König geb. Müller Rita, 1947, von Frauenfeld, in 4303 Kaiseraugst
- Hart Walter, 1945, von Frauenfeld, in 4303 Kaiseraugst

Die Ehegatten haben dem unterzeichneten Notar ihren Willen mitgeteilt und ihn beauftragt, darüber diese Urkunde als Erbvertrag zu verfassen. Der gemeinsame, übereinstimmende Wille der Ehegatten lautet:

I. Feststellungen
1. Wir haben am 4. Februar 1973 vor dem Zivilstandsamt in Kaiseraugst geheiratet.

2. Aus unserer Ehe ist folgendes Kind hervorgegangen:
- Sandra, 1974

3. Rita Hart-König geb. Müller war in früherer Ehe verheiratet mit Andreas König, woraus folgende Kinder hervorgegangen sind:
– Niklaus, 1965
– Anna, 1966

4. Walter Hart war bisher noch nicht verheiratet.

II. Güterrechtliche Feststellungen

Wir stellen fest, dass wir bei Abschluss der Ehe kein nennenswertes Vermögen besassen und unser gesamtes Vermögen somit Errungenschaft darstellt. Im Sinn von Art. 215 ZGB stellen wir fest, dass dieser Vorschlag zur Hälfte der Ehefrau und zur Hälfte dem Ehemann gehört.

III. Erbrechtliche Vereinbarungen

1. Allfällige bisherige Verfügungen von Todes wegen sind hiermit aufgehoben mit Ausnahme von allfälligen Begünstigungserklärungen gegenüber Versicherungsgesellschaften und Vorsorgeeinrichtungen.

2. Der letzte Wille der Hart-König geb. Müller Rita lautet:

2.1 Sollte ich *vor* meinem Ehemann versterben, setze ich meine Nachkommen
– Niklaus, 1965
– Anna, 1966
– Sandra, 1973
auf den Pflichtteil. Die verfügbare Quote wende ich meinem Ehemann zu.

2.2 Sollte ich *nach* meinem Ehemann versterben, verfüge ich über meinen Nachlass wie folgt:

3. Der letzte Wille des Hart Walter lautet:

3.1 Sollte ich *vor* meiner Ehefrau versterben setze ich meine Tochter Sandra, 1973, auf den Pflichtteil.
Die verfügbare Quote wende ich meiner Ehefrau zu.

3.2 Sollte ich *nach* meiner Ehefrau versterben, verfüge ich über meinen Nachlass wie folgt:

4. Für den Fall des gemeinsamen Todes treffen wir die folgenden Bestimmungen:

5.1 Jeder Erbe, welcher irgendeine Bestimmung dieses Erbvertrages anficht, wird auf den Pflichtteil gesetzt, falls er pflichtteilsberechtigter Erbe sein sollte.

5.2 Überdies fällt jede erbrechtliche Begünstigung seitens des Erblassers, zu dem er kein gesetzliches Erbrecht hat, automatisch dahin.

IV. Einsetzung eines Willensvollstreckers
Wir setzen je letztwillig als Willensvollstrecker und Erbschaftsliquidator ein:
Den Verfasser dieser Urkunde, Notar N. N.

Erbvertrag bei nichtgemeinsamen Kindern
Beispiel 2

Vor dem unterzeichneten öffentlichen Notar N. N. sind heute zwecks Errichtung eines Erbvertrages erschienen:

− Früh-Winter Verona, 1934, von Stein am Rhein, in Oberhof
− Früh Adelbert, 1933, von Stein am Rhein, in Oberhof

Die Ehegatten haben dem unterzeichneten Notar ihren Willen mitgeteilt und ihn beauftragt, darüber diese Urkunde als Erbvertrag zu verfassen. Der gemeinsame, übereinstimmende Wille der Ehegatten lautet:

I. Feststellungen
Allfällige bisherige Verfügungen von Todes wegen heben wir ausdrücklich auf. Von dieser Aufhebungsverfügung sind Begünstigungserklärungen in Versicherungspolicen und gegenüber Vorsorgeeinrichtungen ausgenommen.

II. Güterrechtliche Feststellungen
1. Wir haben folgende Vermögenswerte in die Ehe eingebracht:

1.1 Der Ehemann:

1.2 Die Ehefrau:

Vorbehalten bleibt allfälliger weiterer Vermögensanfall zufolge Erbschaft oder Schenkung.

2. Alle übrigen heute vorhandenen Vermögenswerte stellen *Errungenschaft* unserer Ehe dar. Im Sinne von Art. 215 stellen wir fest, dass dieser Vorschlag zur Hälfte der Ehefrau und zur Hälfte dem Ehemann gehört.

III. Erbrechtliche Vereinbarungen

A)

Der letzte Wille des Herrn Adelbert Früh lautet:

1. Sollte ich *vor* meiner Ehefrau versterben, setze ich meine Nachkommen
— Christoph Früh, 1959
— Katja Früh, 1961
auf den Pflichtteil. Die verfügbare Quote wende ich meiner Ehefrau zu.

2. Sollte ich *nach* meiner Ehefrau versterben, verfüge ich über meinen Nachlass wie folgt:

B)

Der letzte Wille der Frau Verona Früh-Winter geb. Keller lautet:

1. Sollte ich *vor* meinem Ehemanne versterben, so fällt die ganze Erbmasse zu Eigentum an meine Kinder
— Therese Winter, 1960
— Ursula Winter, 1961
— Kurt Winter, 1964
oder deren Nachkommen.

Herr Früh kennt die unter Ziff. 1 aufgeführte Bestimmung, wonach bei Vorversterben seiner Ehefrau deren gesamtes Erbgut an die Kinder fällt. Demgemäss verzichtet er vollständig auf sein gesetzliches Erbrecht wie auch auf seinen Pflichtteilsanspruch gegenüber seiner Ehefrau. Dieser Verzicht ist unentgeltlich.

2. Sollte ich *nach* meinem Ehemann versterben, verfüge ich über meinen Nachlass wie folgt:

C)

Für den Fall des gemeinsamen Todes treffen wir die folgenden Bestimmungen:

D)

1. Jeder Erbe, welcher irgendeine Bestimmung dieses Erbvertrages anficht, wird auf den Pflichtteil gesetzt, falls er pflichtteilsberechtiger Erbe sein sollte.

2. Überdies fällt jede erbrechtliche Begünstigung seitens des Erblassers, zu dem er kein gesetzliches Erbrecht hat, automatisch dahin.

IV. Einsetzung eines Willensvollstreckers

Wir setzen je letztwillig als Willensvollstrecker und Erbschaftsliquidator ein:

Unseren Treuhänder P. P. in XY.

Begünstigung durch Versicherungen

Beim Tod können unter Umständen erhebliche Summen aus Lebensversicherungen fällig werden. Gehören sie dem auf der Police erwähnten Begünstigten, oder muss dieser den Betrag mit den übrigen Erben teilen? Die Frage kann insbesondere für den überlebenden Ehegatten von entscheidender Bedeutung sein.

Beispiel: Hans Rüegg schliesst mit 35 Jahren eine Lebensversicherung im Betrag von Fr. 100 000.- ab. Laufzeit des Vertrages: 20 Jahre. Als Begünstigte setzt er seine Ehefrau ein. Mit 38 Jahren stirbt Hans Rüegg überraschend an einem Herzversagen. Er hinterlässt keinen roten Rappen. Wie steht es nun mit der Versicherungssumme?

Zwei Arten von Lebensversicherungen sind zu unterscheiden:

● Das Todesfallkapital aus reinen *Risikoversicherungen* fällt direkt an den Begünstigten (z. B. Ehefrau, Ehemann); es spielt für die Berechnung des Nachlasses überhaupt keine Rolle.

● Das Todesfallkapital aus einer *Lebensversicherung* fällt ebenfalls vollumfänglich dem oder der Begünstigten zu. Hingegen wird der *Rückkaufswert* für die Frage, ob eine Pflichtteilsverletzung vorliegt, miteingerechnet.

Im Fall von Hans Rüegg handelte es sich um eine gemischte Lebensversicherung mit Sparanteil. Die Versicherungsgesellschaft bezahlt den Betrag von Fr. 100 000.- ordnungsgemäss der Ehefrau. Nach drei Jahren beträgt der Rückkaufswert der Versicherung erst 8000 Franken. Diese fallen in den Nachlass, und die Kinder haben Anspruch auf Fr. 3000.- (Pflichtteile ¾ des gesetzlichen Erbteils von ½, somit ⅜).

Wie das Beispiel zeigt, lassen sich durch den Abschluss von Lebensversicherungen beliebige Personen, so namentlich auch der Ehegatte oder die Gattin, begünstigen.

6. Kapitel

Unternehmer, aufgepasst!

*«Er hat die Dornen gefühlt;
seine Nachfolger pflücken die Rosen!»*

Goethe

Warum eine besondere Regelung?

Beim klassischen Handwerker- und Gewerbebetrieb, aber auch bei einem grösseren Familienunternehmen sind die meisten Mittel im Betrieb gebunden. Ja, oft stellt der Betrieb *das* Aktivum dar.

Die Problematik ist im Grund nicht anders als beim bäuerlichen Erbrecht (vgl. 10. Kapitel). Dort müssen andere Erben zurückstehen, damit der (Landwirtschafts-)Betrieb als Einheit ungeteilt erhalten bleibt. Durch einen Spezialpreis, der gesetzlich auf den *Ertragswert* fixiert ist, wird die Übernahme finanziell ermöglicht.

Im Gegensatz zum bäuerlichen Erbrecht fehlt eine *gesetzliche* Regelung des gewerblichen Erbrechts. Es ist also dem Unternehmer überlassen, ob er durch eine *vertragliche Regelung* das Unternehmen auch der nächsten Generation erhalten will.

Das neue Recht hat die bereits bestehende Problematik noch verschärft:

● Dem im Betrieb mitarbeitenden Ehegatten steht das Recht zu, ausserordentliche Beiträge zu verlangen, wenn er sich entsprechend engagiert hat. In den meisten Betrieben wird dies der Fall sein.

● Hat beispielsweise die Frau eigenes Geld in den Betrieb ihres Mannes investiert, so steht ihr dafür ein entsprechender Mehrwertanteil zu.

● Unter dem ordentlichen Güterstand der Güterverbindung betrug der Vorschlagsanteil der Ehefrau ⅓; neu erhält sie die Hälfte der Errungenschaft.

● Erbrechtlich erhält der überlebende Ehegatte ebenfalls die Hälfte des Nachlasses (früher ein Viertel).

● Muss der Übernehmer zudem noch andere Geschwister finanziell abfinden, ist eine Übernahme zu tragbaren Bedingungen fast unmöglich.

Für den verantwortungsbewussten Unternehmer ist eine vertragliche Regelung, die den Weiterbestand seines Unternehmens sichert, ein absolutes Muss.

Schutz des Geschäftsnachfolgers

Wir gehen vom klassischen Fall aus: Ein Sohn soll in die Fussstapfen des Vaters treten. Ziel ist eine Übernahme zu tragbaren Bedingungen.

Um eine optimale Lösung zu erreichen, ist ein *Miteinbezug des Ehepartners* unumgänglich. Dies deshalb, weil sich auf dem güterrechtlichen Weg (Ehevertrag) die wirksamste Begünstigung des Geschäftsnachfolgers erreichen lässt. Soll die überlebende Ehefrau das Geschäft übernehmen, können die gleichen ehevertraglichen Möglichkeiten für ihre Begünstigung eingesetzt werden. Nachstehend machen wir es umgekehrt; d. h., die überlebende Ehefrau schränkt sich vertraglich zugunsten des Unternehmensnachfolgers ein.

Geschäft und eheliches Güterrecht

In einem Ehevertrag können die Ehegatten gemäss Artikel 199 ZGB vereinbaren, dass diejenigen Vermögenswerte der Errungenschaft, welche «für die Ausübung eines Berufs oder den Betrieb eines Gewerbes bestimmt sind», zu Eigengut erklärt werden können.

Dies ist *der* Gewerbeartikel im neuen Ehegüterrecht. Auf diese Weise wird der Betrieb der güterrechtlichen Auseinandersetzung entzogen, d. h., er fällt ungeschmälert direkt in die Erbmasse.

Die Ehegatten können weiter vereinbaren, dass die Erträge des Eigengutes ebenfalls dem Eigengut zugeschlagen werden. Treffen sie keine Vereinbarung, fallen die Erträge automatisch in die Errungenschaft (an der die Ehefrau zur Hälfte beteiligt ist).

Beispiel: Der Ehemann hat vor der Heirat das Geschäft von seinem Vater in der Form der Aktiengesellschaft übernommen. Die Aktien stellen Eigengut dar. Die Dividenden hingegen fallen in die Errungenschaft. Durch Vertrag können die Dividenden ebenfalls dem Eigengut zugeschlagen werden. Diese Möglichkeit besteht nicht nur im Bereich der Unternehmensnachfolge, sondern in allen Fällen, da Eigengut einen Ertrag abwirft (Paradefall: Erbschaft von Fr. 100 000.-; der Zins kann ebenfalls dem Eigengut zugeschlagen werden).

Beispiel eines Ehevertrages

Ehevertrag auf Zuweisung der Errungenschaft
Vor der unterzeichneten Notarin N. N. sind heute zwecks Errichtung eines Ehevertrages erschienen

- Reich-Stäuble Agnes, 1940, von Goldau, in 5028 Ueken
- Reich August Othmar, 1939, von Goldau, in 5028 Ueken

Die Ehegatten haben der unterzeichneten Notarin ihren Willen mitgeteilt und sie beauftragt, darüber diese Urkunde als Ehevertrag zu verfassen. Die Ehegatten erklären:

I. Feststellungen
1. Wir haben am 8. August 1965 vor dem Zivilstandsamt Ueken/AG geheiratet.

2. Unser erster ehelicher Wohnsitz war in der Schweiz.

3. Bezüglich unserer güterrechtlichen Verhältnisse haben wir bis heute keine Vereinbarung getroffen, so dass wir unter dem ordentlichen Güterstand der Errungenschaftsbeteiligung stehen.

---

4. Aus unserer Ehe sind folgende Kinder hervorgegangen:
- Verena, 1967
- Walter, 1968
- Stefan, 1973

II. Feststellung der Eigengüter

1. Die Ehefrau hat folgende Vermögenswerte in die Ehe eingebracht, welche als ihr Eigengut zu behandeln sind:

2. Der Ehemann hat folgende Vermögenswerte in die Ehe eingebracht, welche als sein Eigengut zu behandeln sind:

3. Das gesamte übrige Vermögen wurde gemeinsam erarbeitet und stellt somit Errungenschaft dar.

Vorbehalten bleibt weiterer Vermögensanfall zufolge Erbschaft oder Schenkung.

III. Ehevertragliche Vereinbarungen

1. Wir erklären nach Art. 199 ZGB alle Vermögenswerte des Ehemannes, die für den Betrieb seines Geschäftes bestimmt sind, zu seinem Eigengut. Auch die Erträgnisse aus diesen Vermögenswerten bilden Eigengut und nicht Errungenschaft.

2. Wir erklären nach Art. 199 ZGB die das Geschäft des Ehemannes umfassende Firma Reich & Co. zu seinem Eigengut.

Auch die Erträgnisse aus dieser Firma bilden Eigengut und nicht Errungenschaft.

3. Wir vereinbaren nach Art. 199 Abs. 2 ZGB, dass alle Erträge des Eigenguts der Ehefrau ihr Eigengut bleiben und nicht in ihre Errungenschaft fallen.

4. Die Vermögenswerte des Geschäftes sind dem Eigengut des Mannes zugeordnet. In diesen Betrieb hat er aus seiner Errungenschaft Fr. 50000.- investiert. Einen allfällig der Errungenschaft zustehenden Mehrwertanteil nach Art. 209 Abs. 3 ZGB schliessen wir aus.

● Ausschluss der Mehrwertbeteiligung: Hat die Ehefrau in den Betrieb (vor allem am Anfang der Ehe beim Aufbau des Geschäftes) eigenes Geld investiert, steht ihr ein prozentualer Anspruch zu. Durch eine schriftliche Vereinbarung kann der Mehrwert ausgeschlossen werden.

● Durch Ehevertrag kann die hälftige Beteiligung an der Errungenschaft geändert werden. Gegenüber gemeinsamen Nachkommen besteht keine Einschränkung (vgl. S. 78).

● Durch die Wahl des Güterstandes der *Gütertrennung* kann jede güterrechtliche Beteiligung am Vorschlag ebenfalls ausgeschlossen werden.

Merke: Der Nachteil all dieser Lösungen tritt im Scheidungsfalle zutage. Aus diesem Grund sollte ein entsprechendes Pendant gebildet werden, z. B. eine feste monatliche Zahlung an die Ehefrau an Stelle des Anspruchs auf Errungenschaft (vgl. ZGB Art. 217).

Geschäft und Erbrecht

Die nachfolgenden Gestaltungsmöglichkeiten wurden zum Teil bereits bei der Behandlung des «allgemeinen» Erbrechts erwähnt.

● Pflichtteilssetzung der übrigen Erben und Zuwendung der verfügbaren Quote von 3/8 an den Unternehmensnachfolger
● Abfindung des überlebenden Ehegatten mit der Nutzniessung
● Teilungsvorschriften
● Erbverzicht zugunsten des Geschäftsnachfolgers
● Wiederverheiratungsklausel
● Abtretung als Erbvorbezug (generell Übergabe zu Lebzeiten)
● Begünstigung durch Versicherungen
● Im Bereich der Aktiengesellschaft drängen sich vor allem zwei Lösungsmöglichkeiten auf, nämlich die Schaffung von Stimmrechtsaktien oder der Aktionärbindungsvertrag.

Stimmrechtsaktien: Durch Stimmrechtsaktien kann dem Geschäfts-nachfolger die Führung des Unternehmens ohne kapitalmässige Mehrheit gesichert werden. Die Geschwister können mit den «schweren» Aktien abgefunden werden.

Beispiel: Aktienkapital Fr. 100 000.-, eingeteilt in 100 Aktien à Fr. 1000.-. 10 Aktien werden gesplittet in 100 Aktien à Fr. 100.-.

Neue	90 Aktien à Fr. 1000.-	Fr. 90 000.-
Aktienstruktur	100 Aktien à Fr. 100.-	Fr. 10 000.-
	Total Aktienkapital	Fr. 100 000.-

Da jede Aktie – ungeachtet des Nennwertes – eine Stimme hat, besitzt der Aktionär mit den Stimmrechtsaktien die Stimmenmehr-heit, obwohl er nur 10 % des Kapitals beherrscht.

Aktionärbindungsvertrag: Mit einem Aktionärbindungsvertrag be-steht die Möglichkeit, dem Unternehmensnachfolger die Aktien langfristig zu sichern. Mittel dazu sind: Vorkaufsrechte und Kaufs-rechte (auch Andienungsrechte genannt). Solche Rechte mit einer Preisbestimmung (z. B. Ertragswert) können ein wirksames Mittel für eine gesicherte Nachfolge bilden. Andererseits können auch die Minderheitsaktionäre durch einen Aktionärbindungsvertrag abgesi-chert werden (z. B. Dividendengarantie, Einsitznahme im Verwal-tungsrat).

7. Kapitel

Wer erhält das Haus?

*«Wenn das Haus fertig gebaut ist,
kommt der Tod.»*

Türkisches Sprichwort

Das Problem

Das Wohnhaus oder die Eigentumswohnung ist oft *der* Vermögenswert, in den die Ehegatten zeit ihres Lebens all ihr Geld investiert haben, sei es für Zinsen, Amortisationen oder den Unterhalt.

Nach einem arbeitsreichen Leben dürfen sie sagen: «Wir haben etwas erreicht! Es ist uns gelungen, die Hypothekarschulden abzubauen; eine neue Küche konnten wir ebenfalls noch einbauen. Doch – wir werden älter. Das Haus wird uns zu gross. Die Kinder sind schon längst ausgeflogen. Früher konnte man im Garten kein Unkraut entdecken. Doch heute! Kurz: Wir können nicht mehr.»

Und sie stellen sich Fragen über Fragen: «Was sollen wir machen? Sollen wir unser Haus bereits heute einem Kind übertragen? Ist überhaupt eines unserer Kinder bereit, in die Nähe zu ziehen? Aber wir haben ja nicht nur ein Kind, sondern drei. Was, wenn gleich zwei das Haus wollen? Wenn wir einem Kind das Haus geben, wie wollen wir dann die andern abfinden? Wie legen wir den Übernahmepreis fest, dass es allen Kindern gegenüber gerecht ist? Was geschieht mit uns? Können wir im Haus bleiben? Ist vielleicht der Einbau einer zweiten Wohnung möglich? Sollen wir das Haus verkaufen oder als Erbvorbezug abtreten?»

Die Suche der besorgten Eltern nach *der* gerechten Lösung kann leicht Kopfzerbrechen und schlaflose Nächte bereiten. In der

Tat – eine allen Interessen entgegenkommende Lösung ist praktisch unmöglich, weil die Zielsetzungen zum Teil widersprüchlich sind: So können die Eltern nicht einem Kind das Haus zu einem Vorzugspreis abgeben, ohne die andern Kinder damit zurückzusetzen (sonst müssten sie ja mehrere Häuser haben).

Folgende Abklärungen sollten *vor* einem Entscheid über das Schicksal der Liegenschaft vorgenommen werden:
● Es ist eine Bestandesaufnahme des ganzen Vermögens zu erstellen. Sind neben der Liegenschaft noch weitere Vermögenswerte vorhanden: Kann mit diesen Werten ein Ausgleich für die andern Kinder geschaffen werden?
● Welches sind die Einkünfte nach der Hausübertragung (AHV, Pension, Vermögenszinsen)?
● Welches sind die mutmasslichen Verpflichtungen (Mietzins, Versicherungsprämien etc.)?
● Wie gut sind wir versichert (Krankheit, Unfall)?
● Wie würde die finanzielle Situation aussehen, wenn wir in ein Altersheim müssten?

Grundsätzlich sind die Eltern frei, welchem Kind sie das Haus abtreten wollen. Die Geschwister des Übernehmers haben dazu überhaupt nichts zu sagen. Allerdings ist es dem Familienfrieden alles andere als förderlich, wenn die Geschwister vom Nachbarn oder am Stammtisch erfahren müssen, das Elternhaus sei einer Schwester verkauft worden. Deshalb sollten die ins Auge gefassten Lösungen nach Möglichkeit mit der ganzen Familie diskutiert werden.

Zu welchem Preis?

Auch bezüglich Preis haben die Geschwister nichts dreinzureden – wenigstens solange die (oder der) Verkäufer noch leben. Wurde jedoch ein Preis weit unter dem Verkehrswert vereinbart, muss der Käufer oder die Käuferin, wenn der Pflichtteil verletzt wurde, bei der Erbteilung mit einer – oft saftigen – Aufzahlung rechnen.

Um klare Verhältnisse und eine eindeutige Ausgangslage zu schaffen, empfiehlt sich, eine *Verkehrswertexpertise* zu erstellen. Der Verkehrswert ist nicht identisch mit dem Steuerwert oder dem Brandversicherungswert. Er ist vielmehr jener Wert, den man beim Verkauf der Liegenschaft erzielen könnte. Er ist auch bei der Erbteilung massgebend.

Der Verkehrswert, der durch eine Fachperson (Kreisschätzer, Architekt) zu ermitteln ist, bildet eine Grundlage für allfällige vertretbare Preisreduktionen. Beispiel:

Verkehrswert der Liegenschaft gemäss Expertise	Fr. 600 000.-
./. verfügbare Quote ¼	Fr. 150 000.-
./. Verrechnung mit Wohnrecht (kapitalisiert)	Fr. 80 000.-
Übernahmepreis	Fr. 370 000.-

In diesem Beispiel wurde die verfügbare Quote dem Übernehmer zugewendet. Gegenüber den andern Geschwistern stellt dies die grösstmögliche zulässige Bevorzugung dar. Das Wohnrecht (für die Eltern) stellt eine Belastung dar und ist daher vom Kaufpreis ebenfalls in Abzug zu bringen. Der Preis für das Wohnrecht hängt einerseits vom Alter der Berechtigten (je älter, desto weniger wert ist das Wohnrecht wegen der geringeren Lebenserwartung) und andererseits vom mutmasslichen Mietzins des Wohnrechtsobjektes ab (vgl. für Kapitalisierung Tabelle S. 208).

Will man nicht so weit gehen, kann die Liegenschaft immerhin mit einem «Kindsrabatt» übertragen werden. Beispiel:

Verkehrswert der Liegenschaft gemäss Expertise	Fr. 600 000.-
./. Kindsrabatt 10 %	Fr. 60 000.-
./. Verrechnung mit Wohnrecht	Fr. 80 000.-
Übernahmepreis	Fr. 460 000.-

Der Klarheit willen empfiehlt es sich, in den Kaufvertrag folgenden Passus aufzunehmen: «Der Käufer wird von einer den Kaufpreis übersteigenden Ausgleichungspflicht ausdrücklich entbunden.» Mit dieser Formulierung ist sichergestellt, dass später nicht noch einmal Diskussionen über den anrechenbaren Kaufpreis aufkommen können. Wünschens- und empfehlenswert ist, wenn sämtliche Familienangehörige mit ihrer Unterschrift ihr Einverständnis mit den Übernahmebedingungen bekunden.

Zahlungsbedingungen

Wie der Kaufpreis zu bezahlen ist, hängt wesentlich von der finanziellen Situation der Eltern ab. (Bei der heutigen älteren Generation ist in den meisten Fällen der Ehemann als Alleineigentümer im Grundbuch eingetragen. Weil es um den Verkauf der ehelichen Wohnung geht, ist jedoch die Zustimmung der Ehepartnerin nötig.) Es bieten sich folgende Möglichkeiten an:

Bezahlung des Kaufpreises über **Bankhypotheken**. Beispiel: Der gesamte Kaufpreis von Fr. 460 000.- ist innert 30 Tagen nach Grundbucheintrag zu bezahlen.

Die Kaufpreistilgung erfolgt so, wie wenn der Käufer ein Dritter wäre: Hier Liegenschaft – da Geld.

Bezahlung des Kaufpreises über **privates Darlehen**. Beispiel: Der Kaufpreis von Fr. 460 000.- ist nicht zu bezahlen, sondern der Verkäufer lässt ihn als verzinsliches Darlehen bestehen. Der Zinssatz liegt 1 % unter dem Hypothekarzinssatz für Einfamilienhäuser der Zürcher Kantonalbank.

Der Vorteil dieser Regelung liegt darin, dass sowohl Verkäufer wie Käufer profitieren. Der Käufer muss statt beispielsweise 6½ % Hypothekarzins nur 5½ % aufwenden, während das Guthaben des Verkäufers über dem Sparheftzins verzinst wird.

In diesen Fällen empfiehlt es sich, auch die Amortisationspflicht zu regeln (z. B. Fr. 3000.- pro Jahr). Zudem ist das Darlehen *grundpfändlich* sicherzustellen.

«Bezahlung» als **Erbvorbezug**. In diesem Fall hat keine Bezahlung zu erfolgen, sondern der Käufer hat sich den Kaufpreis bei der *späteren Teilung* anrechnen zu lassen.

Der Käufer kann auch verpflichtet werden, einen Teil des Kaufpreises direkt den Geschwistern als Erbvorbezug auszurichten. Tatsächlich handelt es sich in diesen Fällen um eine Teilzahlung des Kaufpreises, deren Empfänger eigentlich der Verkäufer wäre. Dieser verzichtet darauf und wendet den Betrag den andern Kindern als Vorbezug zu.

Der Vorteil des Erbvorbezugs liegt für den Käufer darin, dass er Eigentümer der Liegenschaft wird, ohne einen Rappen Geld in die Hand nehmen zu müssen.

Der Nachteil für den Verkäufer besteht darin, dass er ohne Gegenwert sein Haus hergibt. Bei der Kaufpreiszahlung wie beim Darlehen hat er einen entsprechenden Geldwert oder eine Forderung gegenüber dem Käufer. Beim Erbvorbezug handelt es sich um eine *Vermögensentäusserung.*

Für den Veräusserer können Erbvorbezüge unter dem steuerlichen Aspekt vorteilhaft sein, weil er nachher weniger Vermögen hat und auch von der Progression her tiefer eingestuft wird. Dafür hat der Erwerber den Vorbezug als Vermögen zu versteuern und unterliegt zumeist der Erbschaftssteuer (vgl. Anhang).

Denkbar und häufig vorkommend ist eine Kombination der verschiedenen Zahlungsarten. Mit dem Variantenreichtum kann eine den finanziellen Bedürfnissen angepasste Lösung erreicht werden. Beispiel:

1. Der Kaufpreis beträgt pauschal   <u>Fr. 460000.-</u>
(Franken vierhundertsechzigtausend)

2. Dieser Kaufpreis ist wie folgt zu tilgen:
- durch Bezahlung eines Betrages von   Fr. 100000.-
innert 30 Tagen nach Grundbucheintrag.
- Einen Betrag von   Fr. 120000.-
lässt der Verkäufer zu einem festen
Zinssatz von 3,5 % p.a. auf 5 Jahre
stehen. Die übrigen Modalitäten
werden in einem separaten Dar-
lehensvertrag geregelt.
- Der Restbetrag von   Fr. 240000.-
wiederum ausmachend den gesamten
Übernahmepreis von   Fr. 460000.-
stellt im Umfang von Fr. 80000.-
einen Erbvorbezug für den Übernehmer dar.

Zusätzlich hat er innert 30 Tagen nach Grundbucheintrag seinen beiden Geschwistern einen Betrag von je Fr. 80000.- auszurichten, den sich diese bei der späteren Teilung ebenfalls als Vorempfang des Verkäufers anrechnen lassen müssen.

Schutzmassnahmen

Erfolgte die Übergabe unter dem Verkehrswert, könnte der Übernehmer bei einem Verkauf einen Gewinn erzielen und sich so einen ungerechtfertigten Vorteil verschaffen. Die Eltern oder Geschwister hätten in einem solchen Fall das Nachsehen. Böse Überraschungen lassen sich jedoch durch vertragliche Sicherungen weitgehend vermeiden.

Gewinnanspruch
Im Kaufvertrag kann ein Gewinnanspruch vereinbart werden. Die Möglichkeit der Vormerkung im Grundbuch wurde im Rahmen der Revision des bäuerlichen Bodenrechts auf den 1. Januar 1994 aufgehoben. Nach wie vor möglich ist jedoch eine vertragliche Regelung.

Dabei empfiehlt es sich, diesen Gewinnanspruch in Anlehnung an die landwirtschaftliche Regelung (Dauer 25 Jahre/2 % Besitzesdauerrabatt für den Übernehmer) auszugestalten.

Vorkaufsrecht
Im Kaufvertrag kann auch ein vererbliches Vorkaufsrecht (d. h. in erster Linie zugunsten des Verkäufers, nach dessen Tod zugunsten der Erben) vereinbart werden. Dabei ist zu unterscheiden zwischen dem

- Vorkaufsrecht zu Drittbedingungen und dem
- limitierten Vorkaufsrecht.

Das Vorkaufsrecht zu Drittbedingungen kann die Spekulation nicht hindern, weil der oder die Verkaufsberechtigte den gleichen Preis wie ein Drittkäufer bezahlen müsste.

Anders beim limitierten Vorkaufsrecht: In diesem Fall hat der Vorkaufsberechtigte das Recht, die Liegenschaft zu einem bestimmten Preise zu erwerben, auch wenn eine Drittperson mehr bietet.

Beispiel: Im Kaufvertrag wurde ein limitiertes Vorkaufsrecht zum Preis von Fr. 500 000.- begründet; ein Drittkäufer bietet für die Liegenschaft Fr. 700 000.-. Die vorkaufsberechtigte Tochter hat das Recht, die Liegenschaft zum Preis von Fr. 500 000.- zu erwerben.

Das Vorkaufsrecht kann seit dem 1. 1. 1994 auf die Dauer von jeweils maximal 25 Jahren im Grundbuch vorgemerkt werden. Die

Vormerkung im Grundbuch bewirkt, dass das Recht gegenüber jedem Drittkäufer geltend gemacht werden kann.

Rückkaufsrecht

Das stärkste Sicherungsmittel stellt das Rückkaufsrecht dar. In diesem Fall bestimmt der Verkäufer, ob er die Liegenschaft zurücknehmen will.

Das Rückkaufsrecht, das seit dem 1. 1. 1994 ebenfalls auf jeweils maximal 25 Jahre im Grundbuch vorgemerkt werden kann, stellt für den Erwerber eine sehr einschneidende Massnahme dar, weil er ständig in der Ungewissheit lebt, ob er am nächsten Tag noch Eigentümer ist. Das Rückkaufsrecht wird daher oft an Bedingungen geknüpft, d. h., es kann nicht ohne weiteres ausgeübt werden. Eine solche Bedingung könnte beispielsweise sein:

Im Kaufvertrag verpflichtet sich der Sohn, innert drei Jahren auf eigene Kosten eine 2½-Zimmerwohnung für die Eltern einzubauen. Kommt er dieser Verpflichtung nicht nach, kann das Rückkaufsrecht ausgeübt werden.

Die gleiche rechtliche Wirkung wie dem Rückkaufsrecht kommt dem Kaufsrecht zu. Das Kaufsrecht könnte beispielsweise der Ehefrau des Verkäufers oder den Geschwistern eingeräumt werden. Der Unterschied zum Rückkaufsrecht liegt darin, dass im Grundbuch nur auf die Dauer von zehn Jahren vorgemerkt werden kann.

Die Fragen rund um die Liegenschaft sind vielschichtig. Einerseits geht es um viel Geld, anderseits bedeutet ein Haus Heimat. Diese emotionalen Bindungen sind in die Überlegungen ebenfalls miteinzubeziehen – was eine Lösung oft schwierig macht.

Die Übergabe des Hauses – genau wie bei einem Hof – braucht Zeit, muss reifen. Eine fachkundige Beratung kann dabei Missverständnisse ausräumen und Lösungen aufzeigen, die der individuellen Situation angepasst sind.

8. Kapitel

Was kommt nach dem Tod?

*«Wenn wir nichts über das Leben wissen,
wie können wir etwas über den Tod wissen?»*

Konfuzius

Der Tod und seine Rechtsfolgen

Wenn mehr als ein Erbe vorhanden ist, kann das Vermögen nicht sogleich den einzelnen Erben zufallen. Erst müssen die Erbteile berechnet und ausgeschieden werden. Bis zu diesem Zeitpunkt bilden die Erbinnen und Erben eine Zwangsgemeinschaft. Allen gehört alles. Jeder und jede hat die gleichen Rechte.

● Mit dem Tod bilden die Erbinnen und Erben von Gesetzes wegen eine *Erbengemeinschaft*. Sämtliche Nachlassgegenstände gehören allen zu *Gesamteigentum*. Der einzelne Erbe hat keinen selbständigen Anteil an einem Gegenstand. Unter den Erben gilt das Einstimmigkeitsprinzip.

● Mit dem Tod wird der *Kreis der Erben* umschrieben. Nur wer den Tod des Erblassers oder der Erblasserin erlebt, kann Erbe sein. Auch das ungeborene Kind – unter der Voraussetzung der Lebendgeburt – ist Erbe.

● Sämtliche Testamente und Erbverträge, auch wenn sie von den Erben als ungültig erachtet werden, sind der zuständigen Behörde zur Eröffnung einzuliefern (vgl. Anhang, S. 202). Diese Eröffnung ist wichtig, weil damit die Anfechtungsfristen für die Ungültigkeits- und Herabsetzungsklage zu laufen beginnen.

● Sämtliche Schulden gehen automatisch auf die Erbengemeinschaft über. Die Erben haften für diese Schulden solidarisch.

115

Besser keine Schulden erben

Man wird Erbe kraft Gesetzes, manchmal ohne es zu wollen. Das kann sehr unangenehm werden: Auch eine Erbschaft mit lauter Passiven ist eine Erbschaft. Niemand bezahlt gerne die Schulden anderer Leute. Wer nicht rechtzeitig handelt und eine überschuldete Erbschaft ausschlägt, kann böse Überraschungen erleben.

Beispiel: «Unser Sohn ist mit seinem Motorrad tödlich verunfallt. Da er den Töff auf Abzahlung gekauft hatte, sind nun hohe Schulden vorhanden. Müssen wir diese mit unserem AHV-Geld bezahlen?»

Da die Erbschaft automatisch von Gesetzes wegen den Erbinnen und Erben zufällt, ist eine *Erklärung* notwendig, wenn die Erben den Nachlass nicht antreten wollen. An diese Erklärung werden sehr strenge Anforderungen gestellt: Sie muss ausdrücklich, unbedingt und vorbehaltlos mündlich oder schriftlich gegenüber der zuständigen Behörde (vgl. Anhang S. 202) erfolgen.

Eine ausdrückliche Erklärung ist dann nicht notwendig, wenn die *Zahlungsunfähigkeit* des Erblassers offenkundig ist oder amtlich feststeht. Dies ist dann der Fall, wenn z. B. Verlustscheine in grosser Zahl vorliegen. In diesen Fällen wird die Ausschlagung von Gesetzes wegen vermutet.

Die *Frist* für die Ausschlagung beträgt *drei Monate.* Sie beginnt mit dem Tod oder, wenn die Erben erst später vom Tod Kenntnis erhalten haben, mit dem Datum der Kenntnisnahme. Aus wichtigen Gründen kann die Frist für die Ausschlagung verlängert oder eine neue Frist gesetzt werden. Wurde ein *Inventar* als Sicherungsmassnahme aufgenommen, beginnt die Frist mit Zustellung des Inventars zu laufen.

Verpasst der Erbe diese Fristen, hat er die *Erbschaft angenommen.* Wer sich während der Ausschlagungsfrist in die Erbschaft einmischt, wer Erbschaftssachen an sich nimmt, geht seines Rechtes, die Erbschaft auszuschlagen, verlustig.

Wenn ein gesetzlicher Erbe seinen Erbteil ausschlägt, vererbt sich dieser auf die übrigen gesetzlichen Erbinnen oder Erben nach der Erbfolge. Hat der Ausschlagende Nachkommen, treten diese an seine Stelle.

Haben alle Nachkommen die Erbschaft ausgeschlagen, so wird der überlebende Ehegatte *ausdrücklich* angefragt, ob er die Erbschaft antreten wolle. Erklärt er innert Monatsfrist nicht die Annahme, wird die Erbschaft durch das Konkursamt liquidiert. Ein allfälliger Aktivüberschuss wird verteilt, wie wenn keine Ausschlagung stattgefunden hätte.

Um Schlaumeiern das Handwerk zu legen, hat das Gesetz vorgesorgt:

Der arbeitsscheue Sohn reicher Eltern hat sich in Schulden gestürzt. Die Gläubiger haben ihm im Bewusstsein Kredit gewährt, dass dem Sohn dereinst ein grosses Erbe zusteht. Doch dann schlägt dieser die Erbschaft aus ... Die Gläubiger können die Ausschlagung anfechten und die amtliche Liquidation der Erbschaft des überschuldeten Sohnes verlangen.

Der Vater hat noch wenige Monate vor seinem Tod seiner Tochter Fr. 200000.- geschenkt. Beim Tod sind nur noch die Schulden von Fr. 80000.- vorhanden. Selbstverständlich schlägt die Tochter die Erbschaft aus. In diesem Fall können die Gläubiger verlangen, dass die Tochter sämtliche Vermögenswerte, die sie innerhalb von fünf Jahren vor dem Tod ihres Vaters erhalten hat, wieder in die Erbmasse einwerfe («zur Ausgleichung bringe»). Mit anderen Worten: Die Tochter muss – auch wenn sie die Erbschaft ausschlägt – die Schulden bezahlen.

Das öffentliche Inventar

Die Erbschaft annehmen oder doch besser ausschlagen? Wenn Erben die Vermögensverhältnisse des oder der Verstorbenen nicht genau überblicken, kann sie diese Frage um den Schlaf bringen. Die Hoffnung auf eine schöne kleine Summe lockt, die Angst vor Schulden schreckt ab. Klarheit kann in solchen Fällen ein öffentliches Inventar bringen.

Das öffentliche Inventar ist ein Hilfsmittel zur Feststellung, ob ein Nachlass überschuldet ist oder nicht. Jeder Erbe kann *innert Monatsfrist* seit Kenntnis des Todes ein solches öffentliches Inventar verlangen.

Der Rechnungsruf

Die zuständige Behörde erlässt zumeist im Amtsblatt einen Rechnungsruf. Gläubiger und Schuldner haben innert einer bestimmten Frist (mindestens ein Monat) ihre Guthaben und Schulden anzumelden. Melden die Gläubiger ihre Forderungen nicht fristgerecht an, droht ihnen der Verlust ihrer Ansprüche.

Während der Dauer des Inventars läuft
- keine Betreibung
- keine Verjährung
- keine Prozesshandlung

Nach Abschluss des Inventares können die Erbinnen und Erben *innert Monatsfrist* folgende Erklärungen abgeben:
- die Erbschaft ausschlagen
- vorbehaltlos annehmen
- unter öffentlichem Inventar annehmen
- die amtliche Liquidation verlangen

Wenn ein Erbe keine Erklärung abgibt, wird gesetzlich vermutet, dass er die Erbschaft unter öffentlichem Inventar angenommen habe. Dies bedeutet:

● Die volle, persönliche Haftung besteht grundsätzlich nur für Schulden, die im Inventar registriert sind. Öffentlich-rechtliche Forderungen (vor allem Steuerrechnungen) unterliegen jedoch nicht den Bestimmungen des ZGB. Je nach kantonalem Steuergesetz haften Erben für Steuerschulden auch dann, wenn diese nicht im Inventar aufgeführt sind.

● Keine Haftung besteht für Schulden, deren Anmeldung der Gläubiger *verschuldeterweise* unterlassen hat.

● Eine beschränkte Haftung bis zur Höhe des Erbschaftsanfalls besteht für Schulden, die der Gläubiger ohne Schuld nicht zur Inventarisierung angemeldet hat.

● Bei *Bürgschaftsschulden* haftet der Erbe nur bis zum Betrag, den der Gläubiger erhalten hätte, wenn die Erbschaft konkursamtlich liquidiert worden wäre.

Gefahr ist im Verzug

Beim Geld hört bekanntlich die Gemütlichkeit auf. Was tun, wenn der Verdacht besteht, dass ein Erbe oder Drittpersonen Vermögenswerte auf die Seite schaffen? Wenn ein Erbe sich nicht wehren kann, weil er unmündig oder landesabwesend ist? Das Gesetz sieht für solche Fälle verschiedene Sicherungsmassnahmen vor.

Siegelung des Nachlasses

In welchen Fällen die Erbschaft unter Siegel gelegt wird, bestimmen die Kantone. Einige Kantone kennen eine allgemeine Siegelungspflicht, andere wenden dieses Mittel zurückhaltender an. Zumeist wird der Nachlass versiegelt, wenn ein Erbe zu bevormunden ist oder unter Vormundschaft steht, wenn ein Erbe dauernd oder ohne Vertretung abwesend ist, wenn ein öffentliches Inventar verlangt wird oder einer der Erben die Siegelung begehrt.

Das Siegelungsverfahren ist kantonal geordnet. So bestimmt der Kanton St. Gallen in einer Verordnung aus dem Jahr 1945: «Der Siegelung unterliegen insbesondere Wertsachen, Wertschriften und Buchaufschriebe. Gegenstände, die nicht eingeschlossen werden können, sind zu verzeichnen. Die Hausgenossen werden aufgefordert, anzugeben, wo sich die Wertgegenstände befinden. Die Schränke, Kassen, Schubladen und dergleichen, in denen sich die Gegenstände befinden, sind zu schliessen und so mit Siegeln zu versehen, dass sie ohne deren Verletzung nicht geöffnet werden können. Über die Siegelung ist ein Protokoll aufzunehmen.»

Sicherungsinventar

Die Inventaraufnahme kann von jedem *Erben* verlangt werden. Ein Inventar muss unter anderem angeordnet werden, wenn ein Erbe bevormundet ist oder wird. Ebenfalls wenn ein Erbe dauernd abwesend (z. B. verschollen, Aufenthaltsort nicht bekannt) ist.

Das Sicherungsinventar soll lediglich feststellen, welche Vermögenswerte sich in der Erbschaft befinden. Ein Schuldenruf wird deshalb im Gegensatz zum öffentlichen Inventar nicht angeordnet.

Erbschaftsverwaltung und Willensvollstrecker

Die Erbschaftsverwaltung wird angeordnet, wenn z. B. nicht alle Erbinnen und Erben bekannt sind oder umstritten ist, wer überhaupt Erbe ist. Eine Anordnung erfolgt weiter, wenn der Aufenthaltsort eines Erben nicht bekannt ist.

Davon zu unterscheiden ist der *Erbenvertreter*. Dieser wird von einem oder allen Erbinnen und Erben auf Antrag durch die zuständige Behörde (meistens Bezirksgericht) bestellt. Er trägt die Verantwortung für alle Entscheidungen, welche die Vertretung der Erbengemeinschaft mit sich bringt.

Vom Erbenvertreter zu unterscheiden ist der *Willensvollstrecker*. Dessen Aufgabe besteht darin, den *Nachlass* nach dem letzten Willen des Erblassers *zu teilen*. Seine Kompetenzen sind sehr weitreichend. Um Schulden zu bezahlen, kann er beispielsweise eine Liegenschaft veräussern. Andererseits kann er den Erben gegenüber auch schadenersatzpflichtig werden, wenn er eine Liegenschaft *unter* dem mit den Erben abgesprochenen Preis verkauft.

Der Willensvollstrecker hat − wie das Gesetz sagt − Anspruch auf eine «angemessene Entschädigung». Diese liegt praxisgemäss zwischen 1 und 3 % des Bruttovermögens.

9. Kapitel

Teilung: Wie du mir, so ich dir?

«. . . Der Grossvater hatte nicht Edleres auf Erden gekannt, als «Husen», nichts Köstlicheres als Reichtum. Ihre (der Nachkommen) Liebe war also nicht beim Grossvater, sondern bei seinem Gelde; warum nun weinen, wenn man es nicht verliert, sondern gewinnt? Man spricht oft von lachenden Erben, aber daran denkt man nicht, dass tausend Eltern ihre Kinder zu lachenden Erben erziehen, die ihnen am Ende für nichts danken als für ihren Tod.»

Jeremias Gotthelf

Wann wird geteilt?

Gotthelf als Pflichtlektüre vor der Erbteilung! Vielleicht könnte dadurch mancher Streit vermieden werden.

Manchen Erben kann es nicht rasch genug gehen. Andere möchten die Teilung gerne aufschieben. Dies führt häufig zu Auseinandersetzungen.

«Unser Bruder verlangt die Teilung der väterlichen Erbschaft, während meine Schwester und ich – mindestens bis zum Tod der Mutter – alles beim alten bleiben lassen wollen.» Grundsätzlich kann *jeder Erbe zu beliebiger Zeit* die Teilung der Erbschaft verlangen. Die beiden Schwestern können sich also der Teilung nicht widersetzen. Ausnahmen:

● Eine Verschiebung ist möglich, wenn die sofortige Teilung den Wert der Erbschaft *erheblich* schädigen würde.

● Bei einem ungeborenen Kind ist die Teilung bis zur Geburt zu verschieben.

● Im bäuerlichen Erbrecht – bei der Zuteilung von Landwirtschaftsbetrieben – kann die Teilung bis zur Mündigkeit der Nachkommen verschoben werden.

● Ebenfalls können die Erben eine Verschiebung der Teilung vertraglich vereinbaren.

Teilungsgrundsätze

Wörtlich heisst es im Gesetz: «Die Erben haben bei der Teilung alle den gleichen Anspruch auf die Gegenstände der Erbschaft.» Es nimmt bei der Erbteilung keine Rücksichten auf besondere Interessen und Vorlieben einzelner Erben. Auch der Bruder, der bereits eine Liegenschaft besitzt, kann das Elternhaus beanspruchen. Die Erben müssen selber miteinander aushandeln, wer was bekommen soll. Doch − keine Regel ohne Ausnahmen:

Bei Vererbungen ganzer Bauernhöfe gelten besondere Teilungsregeln (vgl. dazu 10. Kapitel). Gleiches gilt zum Schutz des überlebenden Ehepartners nach neuem Ehe- und Erbrecht für die eheliche Wohnung sowie für den Hausrat (vgl. S. 19 und 123).

Damit die Gleichberechtigung gewahrt werden kann, mahnt das Gesetz die Erben gleich zweimal − mit gutem Grund, wie die Praxis zeigt − zur *Auskunftspflicht* über alle Vorgänge und Beziehungen zum Erblasser, damit eine gerechte Verteilung der Erbschaft möglich ist.

Teilungsvorschriften und ihre Auslegung

Erblasser können einem Streit um einen besonders begehrten Gegenstand vorbeugen − durch Erlass einer Teilungsvorschrift. Drükken sie sich aber unklar aus, bricht der Streit erst richtig los. Sowohl im Testament wie im Erbvertrag können Teilungsvorschriften erlassen werden. Die Mutter kann also beispielsweise bestimmen: «Ich verfüge letztwillig, dass meine Tochter Marie die Filmausrüstung und der Sohn Hans die Briefmarkensammlung erhält.» So weit, so gut!

Wie aber steht es mit den *Werten.* Nehmen wir an, die Filmausrüstung weise einen Wert von fünftausend Franken, die Briefmarkensammlung aber von zehntausend Franken auf. Bedeutet die Formulierung im Testament, dass Sohn und Tochter mit dem Erhalt der ihnen zugesprochenen Gegenstände − ungeachtet des Wertes − auseinandergesetzt sind, d. h., keines mehr etwas vom anderen zu fordern hat?

Oder will das Testament sagen, dass Sohn und Tochter Anspruch auf die Gegenstände haben, zusätzlich aber den Wert ausgleichen müssen?

Im Zweifel, wenn aus dem Testament kein anderer Wille ersichtlich ist, gilt eine Verfügung wie die oben erwähnte immer nur als Teilungsvorschrift und *nicht* als besondere Zuwendung. Dies bedeutet in unserem Beispiel: Marie bekommt die Filmausrüstung zum *Anrechnungswert* von Fr. 5000.-. Hans bekommt die Briefmarkensammlung zum *Anrechnungswert* von Fr. 10000.-. Damit Bruder und Schwester auch finanziell gleichgestellt sind, muss Hans seiner Schwester Marie noch Fr. 2500.- bezahlen.

Will die Mutter, dass die Gegenstände ihren Kindern *ohne Anrechnung* zufallen, muss sie dies im Testamentstext deutlich zum Ausdruck bringen: «Ich verfüge letztwillig, dass meine Tochter Marie *als Vermächtnis* die Filmausrüstung und der Sohn Hans *als Vermächtnis* die Briefmarkensammlung erhält.»

Will die Mutter nur ihre Tochter begünstigen, müsste der Text lauten: «Ich verfüge letztwillig, dass meine Tochter Marie als Vermächtnis die Filmausrüstung und der Sohn Hans die Briefmarkensammlung erhält. Hans hat sich also die Briefmarkensammlung auf seinen Erbteil anrechnen zu lassen.» Der letzte Satz empfiehlt sich um der Klarheit willen, damit Hans nicht behaupten kann, die Mutter habe das Wort «Vermächtnis» vergessen.

Die eheliche Wohnung

«Befinden sich das Haus oder die Wohnung, worin die Ehegatten gelebt haben, oder Hausratsgegenstände in der Erbschaft, so kann der überlebende Ehegatte verlangen, dass ihm daran das Eigentum auf Anrechnung zugeteilt wird» (Artikel 612 a ZGB).

Auch mit dieser Teilungsvorschrift auf Zuweisung des *Eigentums* ist der überlebende Ehegatte nicht ausreichend geschützt; dies ganz einfach deshalb, weil er (oder sie) finanziell vielleicht gar nicht in der Lage ist, die Nachkommen auf der Verkehrswertbasis abzufinden. Für diesen Fall bestimmt das Gesetz, dass der überlebende Ehegatte *statt des Eigentums die Nutzniessung oder das Wohnrecht beanspruchen kann.*

Auch die übrigen gesetzlichen Erben können verlangen, dass dem überlebenden Ehegatten an der Liegenschaft nicht das Eigen-

tum, sondern «nur» die Nutzniessung oder das Wohnrecht eingeräumt wird. Allerdings müssen besondere Umstände, z. B. ein Kon-
kubinatsverhältnis der überlebenden Ehefrau, dies rechtfertigen.

Diese gesetzliche Begünstigung des überlebenden Ehegatten
findet *keine* Anwendung auf Räumlichkeiten, in denen der Erblasser einen Beruf ausübte oder ein Gewerbe betrieb (z. B. Bäckerei)
und die ein Nachkomme zur Weiterführung des Gewerbes benötigt,
sowie auf Landwirtschaftsbetriebe.

Die Zuteilungsvorschrift ist im übrigen nicht zwingend, d. h.,
sie kann durch Verfügung von Todes wegen ausgeschaltet werden.

Besondere Gegenstände, Sammlungen

Befinden sich in der Erbschaft z. B. eine Münzen- oder Briefmarkensammlung, also Gegenstände, die — wie das Gesetz sagt —
«ihrer Natur nach zusammengehören», wäre es vielfach unvernünf-
tig, solche Sammlungen auseinanderzureissen. Deshalb sollen sie,
auch wenn eine Erbin oder ein Erbe nicht einverstanden ist, nicht
voneinander getrennt werden. Das gleiche gilt für Gegenstände mit
Erinnerungswert, wie zum Beispiel alte Fotografien, Diplome,
Schützenkränze etc.

Eine Veräusserung darf nur stattfinden, wenn alle Erben einverstanden sind. Andernfalls sind sie einem Erben mit oder ohne
Anrechnung — je nach Entscheidung der Behörden — zuzuweisen.

Teilung von Liegenschaften

«Wir sind fünf Erben. Zwei Schwestern und ich möchte das Elternhaus zum Versicherungswert behalten. Die anderen Erben wollen
die Liegenschaft zum bestmöglichen Preis verkaufen. Können wir
zum Verkauf gezwungen werden?» Wurde die Liegenschaft nicht
bereits zu Lebzeiten einem Kind übertragen oder an eine Drittperson verkauft (vgl. 7. Kapitel), bildet sie Bestandteil der Erbmasse.
Für diesen Fall bestimmt — sofern die Losbildung (vgl. S. 126) zu

keinem Ziel geführt hat – das Gesetz: «Können die Erben sich über die Teilung oder Zuweisung einer Sache nicht einigen, so ist die Sache zu verkaufen und der Erlös zu teilen.»

Selbst wenn sich nur *ein* Erbe der Zuweisung der Liegenschaft an einen andern widersetzt, ja selbst, wenn beispielsweise vier Geschwister die Liegenschaft übernehmen wollen, das fünfte aber dagegen ist, muss die Liegenschaft verkauft und der Erlös geteilt werden. Auf Verlangen eines Erben hat der Verkauf auf dem Weg der *Versteigerung* stattzufinden, wobei die Versteigerung öffentlich oder nur unter den Erben stattfindet. Im Streitfall entscheidet die zuständige Behörde über die Steigerungsart. Die Versteigerung des Elternhauses stellt nicht gerade ein pietätsvolles Vorgehen dar. Die Erben und Erbinnen tun deshalb gut daran, sich nach Möglichkeit friedlich zu einigen. Sie sollten folgende Möglichkeiten in Betracht ziehen:

● Das Haus wird an einen Erben oder an Dritte vermietet, bis einer der Erben finanziell in der Lage ist, einen angemessenen Preis zu bezahlen.

● Eine Erbin übernimmt das Elternhaus zu einem Vorzugspreis. Sie vereinbart jedoch mit den anderen Erben einen Gewinnanspruch im Fall eines Verkaufs der Liegenschaft. Dieser Anspruch kann allerdings seit dem 1. Januar 1994 nicht mehr im Grundbuch vorgemerkt werden.

Zusätzlich können die Miterben durch ein Vorkaufsrecht abgesichert werden (vgl. S. 112).

Das Teilungsverfahren

Die Erben sollen den Nachlass wenn immer möglich im Frieden teilen. Der Gescheitere gibt bekanntlich nach. Oder ist es der Dümmere? Hierüber lässt sich von Fall zu Fall streiten. Bei Uneinigkeit hilft jedenfalls nur noch das Los, der Verkauf auf dem Weg der Versteigerung oder – der Richter.

Einigkeit macht frei
Die Erben sind *frei*, die Teilung so vorzunehmen, wie es ihnen richtig scheint. Wenn eine Liegenschaft beispielsweise einen Verkehrswert von Fr. 400 000.- aufweist, können sich die Erben ohne weiteres

auf einen Übernahmepreis von Fr. 300 000.- einigen. Einzige Bedingung ist, dass *alle Erben* einverstanden sind. Selbst wenn der Erblasser in einem Testament Teilungsvorschriften aufgestellt hat, können die Erben – wenn alle einverstanden sind – von diesen Vorschriften abweichen und eine andere Teilung vereinbaren.

Losbildung

Können sich die Erbinnen und Erben über die Aufteilung des Nachlasses nicht einigen, haben sie so viele Teile oder Lose, als Erben oder Erbstämme vorhanden sind, zu bilden. Da es praktisch nie möglich sein wird, *gleichwertige* Lose oder Teile auszuscheiden, sind Wertunterschiede in Geld auszugleichen.

Wie ist vorzugehen, wenn sich die Erben über die Losbildung oder die Bewertung nicht einigen können, weil jeder glaubt, der andere habe das bessere Los? In diesem Fall sind die Lose gerichtlich oder durch die Teilungsbehörde festzusetzen. Dabei haben die Behörden auf den Ortsgebrauch, die persönlichen Verhältnisse sowie die Wünsche der Mehrheit der Erben Rücksicht zu nehmen.

Losziehung

Nachdem die Lose gebildet sind, können sich die Erben über die Zuteilung immer noch frei vereinbaren. Geraten sie sich auch dabei in die Haare, erfolgt die Losziehung. Damit ist die Teilung jedoch noch nicht abgeschlossen. Für die definitive Erbteilung bedarf es noch der *Entgegennahme* der Erbschaftsgegenstände oder bei Liegenschaften der Eintragung im Grundbuch. Weigert sich ein Erbe zur Vornahme dieser Handlungen, steht als letzte Möglichkeit der Verkauf von Erbschaftsgegenständen offen.

Verkauf von Erbschaftsgegenständen

Eine Erbteilung mittels Losziehung ist eine höchst komplizierte Angelegenheit. Häufig ist sie auf diesem Weg gar nicht durchführbar, weil zu wenig Lose gebildet werden können. Dies gilt insbesondere bei Liegenschaften. Können sich die Erben über die Zuteilung nicht einigen, bleibt nur noch der Verkauf. Wenn alle Erben zustimmen, kann der Verkauf freihändig erfolgen. Ansonsten muss eine Versteigerung stattfinden. Die zuständige kantonale Behörde entscheidet, ob sie öffentlich oder nur unter den Erben erfolgt.

Widersetzt sich ein Erbe der Teilung, muss unter Umständen das Gericht angerufen werden. Mit dieser Teilungsklage verlangt ein Erbe beim Gericht, dass der Nachlass zu teilen sei. Damit sie eingereicht werden kann, ist es nicht erforderlich, dass vorgängig eine Losbildung und Ziehung stattgefunden hat. Mit der Erbteilungsklage können auch andere Klagen, wie diejenige der Herabsetzung wegen Pflichtteilsverletzung, verbunden werden.

Erbvorbezug oder Erbvorempfang

«Man gibt besser mit warmen als mit kalten Händen», sagt der Volksmund. Es kann durchaus sinnvoll sein, dass Eltern ihren Kindern mit einem namhaften Betrag unter die Arme greifen. Die Form der Unterstützung will jedoch gut überlegt sein – schon des lieben Friedens wegen.

Unter Erbvorbezug versteht man eine *Zuwendung* von Vermögen – oft Geldbeträge oder ein Baulandgrundstück – zu Lebzeiten des Erblassers. Der Empfänger oder die Empfängerin muss sich das Geld bei der Erbteilung anrechnen lassen.

Wird nicht speziell eine Zinsaufrechnung und/oder eine Indexklausel vereinbart, hat sich der Erbe nur den erhaltenen Kapitalbetrag anrechnen zu lassen.

Beispiel: Die Tochter Ruth erhielt vom Vater im Jahr 1986 zur Eröffnung ihres Geschäfts den Barbetrag von Fr. 20 000.-. Beim Empfang des Geldes hielten sie schriftlich fest:

«Zur Eröffnung ihres Geschäfts übergebe ich meiner Tochter Ruth einen Betrag von Fr. 20 000.-. Sie hat sich diesen Betrag bei der künftigen Erbteilung anrechnen zu lassen. Eine Zinsaufrechnung erfolgt nicht.»

Zürich, den 15. Oktober 1986

Der Vater:
Otto Meier

Einverstanden:

Die Empfängerin:
Ruth Meier

Diese Regelung, die nicht in Testamentsform abgefasst sein muss, ist klar und unmissverständlich. Kommt es zur Teilung, besteht für Ruth für den Betrag von Fr. 20 000.- eine Ausgleichungspflicht.

Angenommen, Ruth habe noch einen Bruder. Beim Tod des Vaters im Jahr 1994 seien Fr. 100 000.- an Wertschriften vorhanden. Wie ist zu teilen?

Wertschriften, Bargeld		Fr. 100 000.-
Vorbezug Ruth		Fr. 20 000.-
Total Aktiven		Fr. 120 000.-
Der Erbanteil pro Erbe beträgt		Fr. 60 000.-
Ruth erhält	in Wertschriften	Fr. 40 000.-
	plus Erbvorbezug	Fr. 20 000.-
	Erbanteil	Fr. 60 000.-

Fritz erhält die restlichen Fr. 60 000.- (= Erbanteil) in Wertschriften.

● Bei einer Zuwendung immer festhalten, ob und in welchem Umfang eine Ausgleichungspflicht besteht!

● *Vor* der Zuwendung Vermögenslage nach dem Erbvorbezug analysieren! Die Mitwirkung von Ehefrau und Ehemann ist notwendig. Erfolgt die Ausrichtung ohne Zustimmung des Ehepartners, kann der Erbvorbezug bei der güterrechtlichen Auseinandersetzung unter Umständen für die Vorschlagsberechnung mitberücksichtigt werden (Art. 208 Ziff. 1 ZGB).

● Statt Erbvorbezüge eventuell nur *Darlehen* ausrichten, weil dieses in einer Notlage wieder rückforderbar ist.

● Steuerrechtliche Konsequenzen beachten. Der Erbvorbezug muss vom Empfänger versteuert werden; das Darlehen weiterhin vom Darlehensgeber!

Was ist auszugleichen?

Das Gesetz vermutet, dass Eltern ihre Kinder alle in gleichem Mass lieben. Aus diesem Grund müssen sich die Nachkommen bei der Erbteilung bestimmte Zuwendungen, die sie zu Lebzeiten erhalten haben, anrechnen lassen. Die Eltern können jedoch das Gegenteil verfügen. Welche Zuwendungen sind grundsätzlich auszugleichen?

Im Lauf eines Lebens erhalten Kinder von ihren Eltern Zuwendungen verschiedenster Art (z. B. Geschenke, Bezahlung von Ausbildungskosten etc.). Das Gesetz enthält verschiedene *Grundsätze*, welche dieser Zuwendungen auszugleichen, d. h. bei der Erbteilung anzurechnen, sind und welche nicht. Es gilt:

● Entscheidend ist immer der Wille des Erblassers oder der Erblasserin. Er kann — im Rahmen des Pflichtteilsrechtes — einen Erben von der Ausgleichungspflicht entbinden. Beispiel: Ein Fotoapparat hat einen Wert von Fr. 1000.-. Der Vater übergibt ihn seinem Sohn und hält schriftlich fest: «Mein Sohn hat sich den Fotoapparat bei der dereinstigen Erbteilung mit Fr. 200.- anrechnen zu lassen. Von einer weitergehenden Ausgleichungspflicht ist er ausdrücklich entbunden.» Obwohl der Apparat effektiv Fr. 1000.- Wert hat, beträgt der anrechenbare Wert nur Fr. 200.-.

● Übliche *Gelegenheitsgeschenke* sind nicht auszugleichen. Beispiel: Weihnachts- und Geburtstagsgeschenke, Geschenke zu Kommunion und Konfirmation.

● *Ausbildungs- und Erziehungskosten* sind auszugleichen, wenn sie das übliche Mass übersteigen. Beispiel: Ein Sohn absolviert eine kaufmännische Lehre und verdient anschliessend seinen Lebensunterhalt als Bankangestellter. Seine Schwester ergreift das Medizinstudium und strapaziert das Portemonnaie des Vaters, bis sie 27 Jahre alt ist. Es wäre ungerecht, wenn die Medizinerin bei der Erbteilung gleich behandelt würde wie ihr Bruder.

● Kindern, die im Zeitpunkt des Todes ihres Vaters noch in der Ausbildung stehen oder gebrechlich sind, ist ein Vorbezug — ohne Ausgleichungspflicht — zu gewähren. Beispiel: Die invalide Tochter wird es nach allgemeiner Lebenserfahrung in ihrem Leben schwieriger haben als ihre gesunden Geschwister.

● Was der Erblasser seinen Nachkommen als Heiratsgut (Aussteuer), Vermögensabtretung, Schulderlass etc. zugewendet hat, ist *auszugleichen*, wenn nicht *ausdrücklich* das Gegenteil verfügt wurde. Beispiel: Die Mutter hat ihrem Sohn ein Darlehen von Fr. 30 000.- gegeben. Sie schreibt ihm vier Jahre später: «Du musst mir das Darlehen von Fr. 30 000.- nicht mehr zurückbezahlen.»

Bei dieser Formulierung muss sich der Sohn den Betrag von Fr. 30 000.- bei der Erbteilung anrechnen lassen. Wäre der Wille der Mutter, der Sohn müsse sich den Betrag bei der Erbteilung nicht anrechnen lassen, müsste sie beifügen: «Von einer Ausgleichungspflicht bei der späteren Erbteilung bist Du ausdrücklich entbunden.»

● Gemäss der Bundesgerichtspraxis sind lediglich Zuwendungen im Rahmen der Familienfürsorge, die den Zweck der Existenzbegründung, -sicherung oder -verbesserung für den Empfänger verfolgen, auszugleichen. Schenkt der Erblasser seinem Sohn, der Fischer ist, ein Motorboot, so wäre diese Zuwendung nach der Rechtsprechung ausgleichungspflichtig, nicht aber das Vergnügungsboot für den zweiten Sohn, der den Rechtsanwaltsberuf ausübt. Solch absurde Fälle lassen sich nur durch ausdrückliche Vorschriften zuhanden der Erben vermeiden.

Ausgleichung bei Liegenschaften

Wenn Eltern einem Kind zu Lebzeiten eine Liegenschaft schenken oder unter dem Verkehrswert verkaufen, ist der Familienfriede in Gefahr. Die übrigen Geschwister fühlen sich übergangen, insbesondere dann, wenn die Übertragung ohne Rücksprache mit ihnen erfolgte. Doch wer zuletzt lacht, lacht bekanntlich am besten.

Beispiel: 1970 hat der Vater seine Wohnliegenschaft einem seiner Kinder übertragen. Als Kaufpreis wurde damals ein Betrag von Fr. 100 000.- vereinbart. Bereits im Zeitpunkt des Eigentumsübertrages, also 1970, betrug der Verkehrswert Fr. 180 000.-. 1983 stirbt der Vater. Das Haus weist im Zeitpunkt des Todes einen Verkehrswert von Fr. 320 000.- auf.

Der Hauseigentümer stellt sich auf den Standpunkt, er habe die Liegenschaft käuflich erworben; der «Handel» gehe seine Geschwister nichts mehr an. Die Geschwister sind der Meinung, sie müssten sich eine solche Bevorzugung nicht einfach gefallen lassen. Die Geschwister können zwar die Liegenschaftsübertragung nicht verhindern, doch können sie bei der Erbteilung Ausgleichung verlangen.

Wer ist im Recht? Massgebend für die Ausgleichung ist der *Wert im Zeitpunkt des Todes*. Auch die Wertsteigerung seit der Übertragung der Liegenschaft wird damit berücksichtigt.

Weil es sich offensichtlich um eine gemischte Schenkung handelt, errechnet sich der ausgleichungspflichtige Betrag wie folgt:

$$\frac{\substack{\text{Wert der} \\ \text{Liegenschaft} \\ \text{bei Erbgang} \\ \text{Fr. 320\,000.-}} \times \substack{\text{effektiv} \\ \text{geschenkter} \\ \text{Teilbetrag} \\ \text{Fr. 80\,000.-}}}{\substack{\text{Fr. 180\,000.-} \\ \text{Wert bei Vertragsabschluss}}} = \text{Fr. 142\,222.20}$$

Eine Hauptschwierigkeit besteht oft im Festlegen des Verkehrswertes im Zeitpunkt des Eigentumsüberganges, da diese Schätzung im Zeitpunkt des Todes nachvollzogen werden muss. Hat der Übernehmer erheblich investiert, ergeben sich oft fast unüberwindbare Beweisschwierigkeiten. Es empfiehlt sich daher für die künftigen Miterben, um vor unangenehmen Überraschungen gesichert zu sein, die Erstellung eines *Verkehrswertgutachtens* im Zeitpunkt des Eigentumsüberganges.

Was aber, wenn der Vater bestimmt, dass der geschenkte Betrag nicht der Ausgleichung unterliege? In einem solchen Fall könnten die Geschwister nur einen Ausgleich fordern, wenn durch die Übertragung der Liegenschaft auch ihre Pflichtteile verletzt worden sind. Das Gesetz bestimmt, dass Zuwendungen der Herabsetzung unterliegen, «wenn sie nicht der Ausgleichung unterworfen sind».

Alles für Gotteslohn?

Immer wieder stellt sich die Frage, ob für den Pflegeaufwand, welchen ein Kind oder eine Schwiegertochter zugunsten des Verstorbenen erbracht hat, im Rahmen der Teilung ein Ersatz beansprucht werden kann. Das Problem lässt sich nur lösen, wenn beide Seiten guten Willen zeigen.

«Alles, was recht ist! Drei Jahre habe ich für meine kranke Mutter gesorgt. In den letzten Lebensmonaten wohnte sie bei uns. Meine beiden Brüder haben sich kaum blicken lassen. Doch wenn's ums Erben geht, wollen sie die ersten sein. Was steht mir für meinen grossen Einsatz zu?»

Im Gesetz ist ein solcher Ersatz nicht vorgesehen, da davon ausgegangen wird, es handle sich dabei um eine sittliche Pflicht.

Gleichwohl sollten die Miterbinnen und -erben aus Billigkeitserwägungen eine Entschädigung zulassen. Recht und billig erscheint dieses Postulat deshalb, weil die Unterbringung des Pflegebedürftigen in einem Alters- oder Pflegeheim weit mehr Geld gekostet hätte (das dem Nachlass fehlen würde) als der Pflegeaufwand zu Hause. Um nicht über Pflegeleistungen im Rahmen der Erbteilung feilschen zu müssen, gibt es zwei Möglichkeiten:

● Zu Lebzeiten wird ein *Lohn* ausgerichtet.
● Eine angemessene Entschädigung wird *testamentarisch* ausdrücklich festgehalten.

Erbteilungsvertrag

Ende gut, alles gut? Wenn sich die Erbinnen und Erben über die Verteilung des Nachlasses geeinigt haben — friedlich oder erschöpft nach einem jahrelangen Streit —, müssen sie das Resultat schriftlich festhalten. Wie kann eine solche Vereinbarung aussehen, in einem einfacheren, in einem komplizierteren Fall?

Sofern die Teilung durch ein *gerichtliches Urteil* vorgenommen wird, ist kein Erbteilungsvertrag mehr notwendig.

In den meisten Fällen können sich die Erben über einen Teilungsmodus einigen, sei es, dass sie die einzelnen Gegenstände an sich nehmen und das vorhandene Bargeld formlos aufteilen, sei es, dass sie *schriftlich* vereinbaren, *welcher Erbe was und wieviel erhält.* Diese Vereinbarung erfolgt im *Erbteilungsvertrag.*

Einfache Schriftlichkeit genügt selbst dann, wenn einzelnen Erben Liegenschaften zugewiesen werden. Aufgrund der von den Grundbuchämtern verlangten Formalitäten dürfte bei der Zuweisung von Liegenschaften der Beizug einer rechtskundigen Person in den meisten Fällen unumgänglich sein.

Teilung nach Gesetz ohne Liegenschaft: Franz Meier ist am 5. Januar 1990 gestorben. Er hinterlässt seine Ehefrau Anna und die beiden Söhne Hans und Fritz. Die Ehefrau hat Fr. 20 000.- in die Ehe eingebracht; der Ehemann besass beim Abschluss der Ehe ein Sparheft von Fr. 30 000.-. Das gesamte Vermögen beim Tod beträgt Fr. 260 000.-. Weil der Sohn Fritz studiert hat, sind sich alle Erben einig, dass er sich Fr. 20 000.- an Ausbildungskosten anrechnen lassen muss.

Einen Ehe- oder Erbvertrag haben die Eheleute Meier nicht abgeschlossen. Hingegen findet die Ehefrau noch ein eigenhändiges Testament mit folgendem Wortlaut:

Ich vermache der Werkstätte für Behinderte Fricktal einen Betrag von Fr. 10 000.- (zehntausend Franken).

Laufenburg, den 1. Mai 1981

Franz Meier

Aufgrund dieses Beispiels ergibt sich folgender Erbteilungsvertrag:

Erbteilungsvertrag

über den Nachlass des Meier Franz, geb. am 11. Juni 1914, gestorben am 5. Januar 1990 in Laufenburg

I. Erbberufung

Der Erblasser hat als gesetzliche Erben hinterlassen
1. Die überlebende Ehefrau
   Meier-Müller Anna, 1922, in 4335 Laufenburg, Grabenweg 522
2. Die Nachkommen
   2.1. Hans Meier, 1944, in 4349 Wil, Chüefergasse 13
   2.2. Fritz Meier, 1946, in 5262 Frick, Amselweg 5

II. Vorbericht

1. Stichtag der Teilung bildet der Todestag.
2. Der Erblasser hinterliess ein Testament, nach dem der Werkstätte für Behinderte Fricktal ein Betrag von Fr. 10 000.- zufällt.
3. Die Erben sind sich einig, dass der Sohn Fritz Fr. 20 000.- zur Ausgleichung zu bringen hat.
4. Die Ehegatten lebten unter dem ordentlichen Güterstand der Errungenschaftsbeteiligung.

III. Vermögensverzeichnis

Aktiven	
Sparheft Nr. 208, inkl. Zins	Fr. 24 760,-
Sparheft Nr. 1186, inkl. Zins per 5.1.1990	Fr. 56 450.-
Obligation Nr. 408	Fr. 50 000.-
Obligation Nr. 1086	Fr. 60 000.-
20 Aktien Kraftwerk Laufenburg (Kurs per 5.1.1990)	Fr. 46 000.-
Hausrat geschätzt	Fr. 6 000.-
1 Bild Stilleben 19. Jahrhundert	Fr. 7 000.-
Bargeld	Fr. 9 790.-
Total	Fr. 260 000.-

IV. Güterrechtliche Auseinandersetzung

Eheliches Vermögen	Fr. 260 000.-
./. Eigengut Mann Fr. 20 000.-	
./. Eigengut Frau Fr. 30 000.-	Fr. 50 000.-
Vorschlag (während der Ehe erarbeitet)	Fr. 210 000.-

Der Ehefrau steht ½ = Fr. 105 000.- zu.
½ des Vorschlages oder Fr. 105 000.- fallen in den Nachlass.

V. Erbrechtliche Auseinandersetzung

1. Aktiven

1.1. Eigengut des Mannes	Fr. 20 000.-
1.2. ½ Vorschlag	Fr. 105 000.-
1.3. Ausbildungskosten Sohn Fritz	Fr. 20 000.-
Total Aktiven	Fr. 145 000.-

2. Passiven

2.1. Vermächtnis an Werkstätte für Behinderte	Fr. 10 000.-
2.2. Rückstellung für Grabstein und Grabunterhalt	Fr. 6 000.-
2.3. Todesfallkosten (z. B. Leichenmahl, Begräbniskosten) [1]	Fr. 4 000.-
Total Passiven	Fr. 20 000.-

[1] Anmerkung: Die Begräbniskosten sind aus der Erbschaft zu bezahlen. Reicht das Geld nicht aus, haben die unterstützungspflichtigen Verwandten (Ehegatten, Kinder, Eltern) dafür aufzukommen.

3. Bilanz

Die Aktiven betragen	Fr. 145 000.-
Die Passiven betragen	Fr. 20 000.-
Zu teilender Nachlass	Fr. 125 000.-

VI. Erbquotenberechnung

Die überlebende Ehegattin erhält die Hälfte zu Eigentum. Demgemäss haben sich die beiden Söhne die andere Hälfte des Nachlassvermögens zu teilen.

Die Erben erhalten somit folgende Quoten:

1. Die überlebende Ehefrau (½ von Fr. 125 000.-)	Fr. 62 500.-
2. Die Nachkommen	
2.1. Hans Meier (¼ von Fr. 125 000.-)	Fr. 31 250.-
2.2. Fritz Meier (¼ von Fr. 125 000.-)	Fr. 31 250.-

VII. Zuweisungen

1. Frau Anna Meier hat Anspruch auf:

ihr Eigengut von	Fr. 30 000.-
die Vorschlagshälfte von	Fr. 105 000.-
den Erbteil von	Fr. 62 500.-
Total der Ansprüche	Fr. 197 500.-

Sie erhält in ihr Eigentum

die Obligation Nr. 408	Fr.	50 000.-
die Obligation Nr. 1086	Fr.	60 000.-
20 Aktien Kraftwerk Laufenburg	Fr.	46 000.-
den gesamten Hausrat	Fr.	6 000.-
das Bild Stilleben	Fr.	7 000.-
den Barbetrag von	Fr.	9 790.-
den Restbetrag von (ab Sparheft Nr. 208)	Fr.	18 710.-
Dies ergibt wiederum Total der Ansprüche	Fr.	197 500.-

2.1

Der Sohn Fritz Meier hat Anspruch auf	Fr.	31 250.-
Er wird wie folgt abgefunden:		
einen Betrag von	Fr.	20 000.-
hat er sich an die Ausbildung anrechnen zu lassen,		
den Restbetrag von	Fr.	11 250.-
erhält er ab Sparheft Nr. 1186		
Total Erbanspruch	Fr.	31 250.-

2.2

Der Sohn Hans Meier hat Anspruch auf	Fr.	31 250.-
Er erhält in sein Alleineigentum		
ab Sparheft Nr. 1186	Fr.	31 250.-
Total Erbanspruch	Fr.	31 250.-

Kontrolle
Zur Deckung der Passiven verbleiben:

Saldo ab Sparheft Nr. 1186	Fr.	13 950.-
Sparheft Nr. 208	Fr.	6 050.-
Total	Fr.	20 000.-

VIII. Schlussbestimmungen

1. Dieser Vertrag tritt mit Unterzeichnung in Kraft.

2. Für die Besorgung des Grabunterhaltes wird ein separates Sparheft per Fr. 3000.- angelegt. Die Verwendung obliegt der überlebenden Ehefrau.

3. Mit Vollzug dieser Teilung sind die Erben bezüglich des Nachlasses von Franz Meier auseinandergesetzt, das heisst, keines hat vom andern noch etwas zu fordern.

Laufenburg, den 2. September 1990

sig. Anna Meier

sig. Hans Meier

sig. Fritz Meier

10. Kapitel

Wer erhält den Hof?

«Im Bernbiet liegt mancher schöne Hof, mancher reiche Bauernort, und auf den Höfen wohnt manch würdiges Ehepaar, in echter Gottesfurcht und tüchtiger Kinderzucht weithin berühmt, und ein Reichtum liegt da aufgespeichert in Spycher und Kammer, in Kasten und Kisten, von welchem die luftige neumodische Welt, welche alles zu Geld macht, weil sie viel Geld braucht, keinen Begriff hat.»

Gotthelf, Einleitung zu «Geld und Geist»

Ziel: Schutz der Landwirtschaft

Am 1. Januar 1994 ist das neue bäuerliche Bodenrecht (BGBB) in Kraft getreten. Damit werden die bisher auf verschiedene Gesetze verteilten landwirtschaftlichen Bestimmungen in *einem* Gesetz vereinigt.

Die alten Bestimmungen – insbesondere das bäuerliche Erbrecht – behalten jedoch nach wie vor eine gewisse Bedeutung, weil immer dann nach altem Recht geteilt werden muss, wenn der Erblasser vor dem 1. Januar 1994 gestorben ist und einer der Erben die Teilung nach altem Recht bis zum *31. Dezember 1994* verlangt hat. Es ist daher unerlässlich, dass beide Rechte nebeneinander behandelt werden.

Ziel des BGBB ist es, langfristig die Existenz bäuerlicher Betriebe zu sichern und die Spekulation mit landwirtschaftlichem Boden zu verhindern. Fällt ein landwirtschaftlicher Betrieb in einen Nachlass, haben deshalb ein Erbe oder eine Erbin, welche den Betrieb selber bewirtschaften wollen und können, das Recht, diesen zum Ertragswert (der einiges unter dem Verkehrswert liegt, vgl. auch S. 145) zu übernehmen. Zum Schutz der anderen Erben enthält das BGBB verschiedene Bestimmungen, z.B. ein Veräusserungsverbot während zehn Jahren und ein Gewinnanspruchsrecht (vgl. S. 144), durch das die Miterben bei einem Verkauf des Betriebs am Mehrerlös beteiligt werden.

Der Kindskauf

Die Hofübernahme kann auf zwei Arten erfolgen:

- Übernahme zu Lebzeiten des Eigentümers, sogenannter Kindskauf
- Übernahme auf dem Weg des bäuerlichen Erbrechts, sogenannte Integralzuweisung

Nachdem heute — grob geschätzt — 80 bis 90 % der Hofübergaben zu *Lebzeiten* des Eigentümers vollzogen werden, rechtfertigt sich die Behandlung auch in einem Testamentsbuch.

Wie schon der Name sagt, erfolgt die Hofübertragung zu Lebzeiten meistens in der Form eines *Kaufvertrages*. Möglich — aber in der Praxis selten — sind andere Übertragungsformen wie Schenkung, Erbvorbezug oder Tausch.

Warum eine besondere Regelung?

Weil die Erhaltung der Landwirtschaft und damit der Bauernhöfe nicht allein Privatsache ist, sondern im öffentlichen Interesse liegt (Nahrungsmittelversorgung in Zeiten gestörter Zufuhr, Erhaltung der Landschaft), bestehen vielfältige gesetzliche Schutzbestimmungen, zum Beispiel:

Schutz vor Überschuldung: Der Landwirt kann auf seinen Betrieb nicht beliebig Schulden aufnehmen. Es besteht eine *Belastungs-* oder *Belehnungsgrenze*. Diese liegt nach altem Recht 15 bis 25 % über dem Ertragswert, je nachdem, ob ein Betrieb zerstückelt oder arrondiert ist. Bei einem Ertragswert von Fr. 200 000.- darf der Betrieb höchstens mit Fr. 250 000.- belehnt werden, obwohl er einen Verkehrswert zwischen zwei und drei Millionen aufweisen kann.

Nach neuem Recht, das für *alle lebzeitigen* Übergaben seit dem 1. Januar 1994 (ohne Übergangsfrist wie im Erbrecht) zur Anwendung kommt, gilt eine einheitliche Belastungsgrenze von 35 % über dem Ertragswert. Es kommt also nicht mehr darauf an, ob ein Betrieb zerstückelt ist oder nicht. In unserem Beispiel beträgt die Belastungsgrenze somit neu Fr. 270 000.-.

Schutz vor Spekulation: Bei der Veräusserung von Grundstücken besteht nach altem Recht eine Sperrfrist von zehn Jahren. Zudem kennen verschiedene Kantone das Einspracherecht bei Aufteilung lebensfähiger Betriebe (Güterschlächterei).

Im neuen Recht wird diese Sperrfrist aufgehoben. An ihrer Stelle wurden zwei neue Instrumente eingeführt:

- Ein landwirtschaftliches Gewerbe, das durch Ausübung eines Vorkaufsrechtes (vgl. S. 143) zur Selbstbewirtschaftung übernommen wurde, darf während zehn Jahren nur mit Zustimmung des Verkäufers weiterveräussert werden. Wichtigste Ausnahme zu dieser Bestimmung: An einen zur Selbstbewirtschaftung geeigneten Nachkommen darf der Hof auch innert dieser Frist weitergegeben werden.

- Zum Schutz des Selbstbewirtschafters wurde neu ein Bewilligungsverfahren eingeführt, das eine *Preisgrenze* beim Erwerb landwirtschaftlicher Gewerbe oder Grundstücke festlegt. So gilt der Erwerbspreis als übersetzt und damit unzulässig, wenn er die Preise, welche vergleichbare landwirtschaftliche Gewerbe oder Grundstücke in der betreffenden Gegend in den letzten fünf Jahren durchschnittlich erzielt haben, um mehr als 5 % übersteigt. Eine solche Bewilligung ist nicht erforderlich

    — beim Erbgang oder bei der Erbteilung

    — bei der Eigentumsübertragung an einen Nachkommen, den Ehegatten oder die Ehegattin, ein Geschwister oder Geschwisterkind des Veräusserers.

Schutz vor Zerstückelung: Zerstückelungsverbote sollen eine rationelle Bewirtschaftung ermöglichen.

An Stelle der früheren kantonalen Bestimmungen gilt neu ein

einheitliches Zerstückelungsverbot für die ganze Schweiz. Danach dürfen landwirtschaftliche Grundstücke nicht in Teilstücke unter 25 Aren aufgeteilt werden (bei Rebgrundstücken 10 Aren). Neben dem Zerstückelungsverbot wurde — anstelle des bisherigen kantonalen Einspracherechts gegen Güteraufteilung — neu auch gesamtschweizerisch geltendes *Realteilungsverbot* eingeführt. Danach dürfen von landwirtschaftlichen Gewerben grundsätzlich nicht einzelne Grundstücke oder auch Grundstücksteile abgetrennt werden. Dieses Realteilungsverbot gilt auch bei Erbteilungen.

Das Vorkaufsrecht wurde im neuen Gesetz völlig neu ausgestaltet. Nach altem Recht stand dieses Recht auch dem Ehegatten oder der Ehegattin und den Eltern zu. Neu gilt folgende Rangordnung:
- in erster Linie jeder Nachkomme (auch Enkel)
- in zweiter Linie jedes Geschwister und Geschwisterkind, wenn der Veräusserer das landwirtschaftliche Gewerbe vor weniger als 25 Jahren ganz oder zum grössten Teil von seinen Eltern oder aus deren Nachlass erworben hat
- in dritter Linie der Pächter ab der zweiten Pachtperiode

Die Vorkaufsberechtigten der ersten und zweiten Linie üben als Selbstbewirtschafter das Vorkaufsrecht bei landwirtschaftlichen Gewerben zum Ertragswert, bei landwirtschaftlichen Einzelgrundstücken zum doppelten Ertragswert aus. Der Pächter hat den zulässigen Preis (Durchschnitt der Preise für vergleichbare Gewerbe in der Gegend während der letzten fünf Jahre) zu bezahlen.

Da der Ehegatte oder die Ehegattin neu kein Vorkaufsrecht mehr besitzen, wurde zu ihrem Schutz eine Bestimmung eingeführt, welche eine spezielle schriftliche Zustimmung zu einer Veräusserung verlangt, wenn der Betrieb von den Eheleuten gemeinsam bewirtschaftet wurde.

Ausgehend von einer Hofübergabe zum Ertragswert ergibt sich etwa folgender *Vertragsaufbau*:

I.   Parteien
II.   Kaufobjekte
III. Kaufpreis und Zahlungsbedingungen
IV. Wohnrechtsbegründung für den Abtretenden

V. besondere Vertragsbestimmungen (insbesondere Gewinnanspruch)

Zu Diskussionen geben immer wieder die Ziffern III und IV Anlass.

Kaufpreis und Zahlungsbestimmungen

Beispiel:

1. Der Kaufpreis entspricht dem Ertragswert und beträgt pauschal Fr. 250 000.- (Franken zweihundertfünfzigtausend).

2. Dieser Kaufpreis ist wie folgt zu tilgen:
   - durch Übernahme der aufhaftenden Grund-
   pfandschuld von nominell Fr. 155 000.-
   und effektiv   Fr. 124 000.-
   gegenüber der Raiffeisenkasse Wittnau
   Wert 1. Januar 1995
   - durch Verrechnung mit Lidlohnguthaben
   des Käufers von   Fr. 42 000.-
   - durch Verrechnung mit der Natural-
   lieferungspflicht des Käufers von   Fr. 20 000.-
   - durch Verrechnung mit dem Wohnrecht von   Fr. 38 000.-
   - Der Restbetrag von   Fr. 26 000.-

   wiederum ausmachend den totalen Kaufpreis von Fr. 250 000.-

   ist innert 30 Tagen nach Grundbucheintrag zu bezahlen.

Bei vielen Hofübergaben resultiert kein Guthaben des Verkäufers mehr, weil viele Betriebe bis zur Belastungsgrenze belehnt und zusätzlich noch mit Investitionskrediten belastet sind. Kommt dann der Tag der Erbteilung, gibt's für die Geschwister nichts zu erben, weil das ganze Geld im Hof steckt und die Investitionen wie das Land «nur» zum Ertragswert bewertet werden.

Stimmt die Rechnung? Das vorstehende Beispiel ist korrekt, weil das Wohnrecht (vgl. S. 142) und die Naturallieferungspflicht für den Übernehmer zusätzliche Belastungen darstellen, die kapitalisiert zur Verrechnung zu bringen sind. Die gleiche Aussage trifft für die Verrechnung mit Lidlohnguthaben zu (vgl. S. 154). Hier handelt es sich um nicht bezogenen Lohn des Übernehmers.

Das neue Recht bringt für die Miterbinnen und -erben gewisse Erleichterungen: Sie können eine angemessene Erhöhung des Anrechnungswertes verlangen, wenn besondere Umstände es rechtfertigen. Das Gesetz erwähnt gleich zwei Fälle:

● den höheren Ankaufswert des Gewerbes
● erhebliche Investitionen, die der Erblasser in den letzten zehn Jahren vor seinem Tod getätigt hat. Hat also der Vater beispielsweise kurz vor seinem Tod ein Grundstück für Fr. 100 000.- gekauft und dieses zum Ertragswert von Fr. 5000.- seinem Sohn abgetreten, so müssen die Miterben das «Verschwinden» von Fr. 95 000.- nicht mehr einfach tatenlos hinnehmen.

Das Gesetz spricht von einer *angemessenen* Erhöhung. Dies bedeutet, dass auf die finanziellen Möglichkeiten des Betriebsinhabers Rücksicht genommen werden muss.

Wohnrecht

Im Kaufvertrag wird gleichzeitig festgelegt, dass die Eltern, welche den Betrieb abtreten, weiterhin Wohnräume beanspruchen dürfen. Der Vorteil einer Regelung zu Lebzeiten liegt darin, dass die Eltern «ihre» Bedingungen festlegen können. Die folgenden Fragen sollten geregelt oder zumindest besprochen werden:

● An welchen Räumlichkeiten besteht das Wohnrecht?
● Soll es nach dem Tod eines Partners ungeschmälert weiterbestehen oder eingeschränkt werden?
● Erfordert allenfalls die familiäre Entwicklung des Übernehmers eine Einschränkung (Kinderzahl)?
● Besteht das Wohnrecht ausschliesslich, oder ist es nur ein Mitbenützungsrecht?
● Wer trägt die Nebenkosten (Wasser, Elektrizität etc.)?
● Müssen noch unmündige oder ledige Nachkommen berücksichtigt werden? (Wenn ja, Begrenzung des Wohnrechts für diese Personen bis zur Verheiratung, längstens aber bis zum 30. Altersjahr empfehlenswert.)
● Mitbenützungsrecht an Nebenräumen (Estrich, Keller)?

- Anspruch auf Gartenanteil (Pflanzplätz)?
- Bezug von Produkten, die der Betrieb liefert (entgeltlich)?
- Anspruch auf Brennholz? Transport, Zerkleinerung?
- Ist statt eines Wohnrechts die Nutzniessung sinnvoller (z. B. bei separatem Stöckli)?
- Wie ist die Regelung bei Differenzen? Entschädigung bei Verzicht auf Wohnrecht oder Verhinderung der Ausübung (z. B. Umzug in Altersheim)?
- Steht eventuell eine Aussiedlung zur Diskussion (Wohnrechtsverlegung vorsehen)?

Oft werden neben dem Wohnrecht auch Naturallieferungen vereinbart. Der Übernehmer verpflichtet sich, die Eltern mit den Produkten des Hofes (Obst, Gemüse, Fleisch, Milch, Getreide, Eier) zu versorgen.

Absicherungsmöglichkeiten

Wünschenswert ist die Hofübergabe an den Sohn (oder die Tochter), der bereits eine Familie gegründet hat, damit der Hof auch der nächsten Generation erhalten bleibt.

Was aber, wenn sich der Vater entlasten möchte, der Sohn jedoch die passende Frau noch nicht gefunden hat oder die Ehe kinderlos bleibt? In dieser Situation möchte der Vater einen gewissen Einfluss behalten. Das neue Recht erwähnt ausdrücklich gewisse Sicherungsinstrumente wie Rückkaufsrecht, Kaufsrecht, Gewinnanspruchsrecht. Dies vor allem für den Fall, dass der Übernehmer die Selbstbewirtschaftung aufgibt. Es bieten sich folgende Möglichkeiten an:

Rückkaufsrecht: Der Vater kann den Hof zum Verkaufspreis wieder zurücknehmen. Allerdings sollte vereinbart werden, dass das Rückkaufsrecht nur unter bestimmten Voraussetzungen (z. B. bei Verpachtung, Todesfall) ausübbar ist.

Vorkaufsrecht: Das bisherige vertragliche Vorkaufsrecht zugunsten der Geschwister wurde durch ein *gesetzliches* (d.h. ohne vertragliche Vereinbarung gültiges) Vorkaufsrecht ersetzt. Gleichwohl kann ein Vertrag nach wie vor sinnvoll sein, wenn an die Ausübung des Rechts zusätzliche Bedingungen geknüpft oder Abänderungen vom gesetzlichen Vorkaufsrecht vereinbart werden sollen.

Kaufsrecht: Das Kaufsrecht verfolgt das gleiche Ziel wie das Vorkaufsrecht, stellt aber ein stärkeres Mittel dar. Dies deshalb, weil der oder die Kaufrechtsberechtigte (z. B. Schwester) die Übertragung des Betriebes – auch gegen den Willen des Eigentümers – verlangen kann, wenn bestimmte Voraussetzungen gegeben sind.

Gewinnanspruchsrecht: Das Recht der Miterben auf Beteiligung an einem Gewinn, den der Übernehmer durch Veräusserung des landwirtschaftlichen Gewerbes erzielt, galt nach altem Recht von Gesetzes wegen für die Dauer von 25 Jahren. Bei der Hofübergabe durch einen Kaufvertrag und nicht durch Ausübung des gesetzlichen Vorkaufsrechts muss das Gewinnanspruchsrecht neu speziell *vereinbart* werden.

Erbverzicht: Bei kinderloser Ehe ist die überlebende Ehefrau die Haupterbin. Wird der Hof auf sie vererbt, fällt er bei ihrem Tod nach den gesetzlichen Erbrechtsregeln an ihre Erben – und nicht an die Geschwister des Mannes, aus dessen Familie der Betrieb stammt. *Der Hof geht in fremde Hände über.* Wenn die Ehefrau geeignet und zur Selbstbewirtschaftung gewillt ist, kann sie nur in Form des Erbverzichtsvertrages rechtsgültig auf ihren Anspruch verzichten.

Eine Hofübergabe muss reifen und braucht gegenseitig viel Verständnis und Toleranz.

Das bäuerliche Erbrecht

Die Zielsetzungen des bäuerlichen Erbrechts sind die gleichen wie bei der lebzeitigen Abtretung (Kindskauf): Erhaltung der Landwirtschaft und Verhinderung von Spekulation mit dem Boden. Gehört ein Landwirtschaftsbetrieb zum Nachlass, stellt sich für die Miterben die brennende Frage:

Warum kann der Bruder, der weiter bauern will, einen schönen Betrieb mit ca. 15 Hektaren Land für Fr. 250000.- erben, während seine Geschwister, wollen sie auf einem Bauplatz von 6 bis 7 Aren ein bescheidenes Einfamilienhaus bauen, Fr. 600000.- bis Fr. 700000.- auslegen müssen?

Ertragswert, Nutzwert, Zeitwert

Die Antwort ist einfach: Das Land dient dem Bauern als Produktionsmittel. Müsste er es zum Verkehrswert aus dem Nachlass erwerben, wäre seine Verschuldung nicht mehr verkraftbar. Deshalb hat er Anspruch auf den Betrieb zu einem Anrechnungswert, welcher der Ertragsfähigkeit des Bodens entspricht: zum *Ertragswert.*

Dieser entspricht dem Kapital, für das der Zins, zum mittleren Satz für erste Hypotheken, bei landesüblicher Bewirtschaftung im Mittel mehrerer Jahre aus dem Heimwesen oder der Liegenschaft erzielt werden kann, oder auf gut deutsch: Eine Familie soll bei normaler bäuerlicher Lebenshaltung leben und den Zins für den Kaufpreis aufbringen können.

Eng verwandt mit dem Begriff Ertragswert ist derjenige des *Nutzwertes.* Der Übernehmer hat Anspruch darauf, dass ihm die dem Betrieb dienenden Maschinen, Vorräte und Viehbestände zu einem tieferen Wert, der meistens durch eine Schätzung zu ermitteln ist, zugewiesen werden.

Bei Maschinen ist dies der Zeitwert, bei der Viehhabe nach der Praxis das Mittel zwischen dem Verkehrswert und dem Schlachtwert der Tiere.

Durch das BGBB wurde neu auch ein Zuweisungsrecht für die Erbinnen und Erben des Pächters eingeführt: Stirbt der Pächter eines landwirtschaftlichen Gewerbes und führt einer seiner Erben die Pacht allein weiter, so kann dieser verlangen, dass ihm das gesamte Inventar (Vieh, Gerätschaften, Vorräte etc.) unter Anrechnung auf seinen Erbteil ebenfalls zum Nutzwert zugewiesen wird.

Landwirtschaft und eheliches Güterrecht

Wir wissen, dass *vor* der erbrechtlichen Auseinandersetzung immer die güterrechtliche zu erfolgen hat (vgl. S. 70). Errechnet sich nun die Errungenschaft auf der Basis des Verkehrswertes oder des Ertragswertes?

Als massgeblicher Wert für die Berechnung der Vorschlagsbeteiligung ist bei *nicht landwirtschaftlichen* Grundstücken der *Verkehrswert* einzusetzen.

Für landwirtschaftliche Gewerbe wurde mit dem neuen Güterrecht ebenfalls das Ertragswertprinzip verankert, indem bei der Berechnung des Mehrwertanteils und der Beteiligungsforderung (Errungenschaft) der Ertragswert in Rechnung gestellt wird. Voraussetzung ist allerdings, dass bei Auflösung des Güterstandes der Eigentümer das landwirtschaftliche Gewerbe weiterbewirtschaften will oder der überlebende Ehegatte oder ein Nachkomme Anspruch auf ungeteilte Übernahme nach bäuerlichem Erbrecht hat.

Analog zum bäuerlichen Erbrecht steht dem Ehegatten (oder der Gattin), der auf der Basis des Ertragswertes abgefunden wurde, bei einem gewinnbringenden Verkauf ein Gewinnanspruch zu.

Zuweisung des Landwirtschaftsbetriebes

Ein Erbe kann das landwirtschaftliche Heimwesen nur zu einem Vorzugspreis übernehmen, sofern eine Reihe von Bedingungen erfüllt sind. Das Opfer, welches die übrigen Erbinnen und Erben für die Erhaltung eines gesunden Bauernstandes zu erbringen haben, muss sich auch wirklich lohnen.

Wie bereits zu Anfang dieses Kapitels ausgeführt, gelten die alten Bestimmungen über das Zuweisungsrecht auch weiterhin, wenn der Erblasser vor dem 1. Januar 1994 verstorben ist und die Teilung bis zum 31. Dezember 1994 verlangt wurde. Dafür genügte eine einfache schriftliche Mitteilung an die Miterbinnen und -erben; eine Prozesshandlung war nicht erforderlich.

Zuerst werden nun die Voraussetzungen für die Zuweisung nach altem Recht, anschliessend nach neuem Recht besprochen.

Die Zuweisung nach altem Recht

Persönliche Voraussetzungen
Eignung: Der Erbe muss die Landwirtschaft verstehen (das Bundesgericht: «ein Durchschnittsmass von Fähigkeiten»). Neben der be-

ruflichen Eignung können auch weitere Kriterien wie finanzielle, physische, psychische und moralische herangezogen werden.

Wille zur Selbstbewirtschaftung: Selbstbewirtschaftung liegt vor, wenn der Bewerber oder die Bewerberin im wesentlichen Umfang auf dem Betrieb tätig ist. Die Selbstbewirtschaftung bildet nicht eine absolute Voraussetzung. Selbstbewirtschafter geniessen jedoch gegenüber anderen Bewerbern eine Vorrangstellung.

Was gilt, wenn der Erblasser mehrere geeignete und zur Selbstbewirtschaftung gewillte Erben hinterlässt?

In diesem Fall hat die Zuteilung unter Würdigung der persönlichen Verhältnisse zu erfolgen, wobei die *Fähigkeiten des Ehegatten* besonders zu berücksichtigen sind.

Beispiel: Der Erblasser hinterlässt zwei Söhne; beide sind in der Landwirtschaft tätig. Einer ist ledig, der andere verheiratet. Aus seiner Ehe sind bis jetzt zwei Kinder hervorgegangen. Im Streit um den Hof dürfte der verheiratete Sohn aufgrund seiner familiären Verhältnisse obenausschwingen.

Bis zum 15. Februar 1973 galt für die Zuweisung von Landwirtschaftsbetrieben eine andere Rangordnung:

● Die Söhne hatten ein Vorrecht vor den Töchtern (begründet wurde diese Vorzugsstellung seinerzeit mit dem «gesteigerten Wert des männlichen Geschlechts»).

● In Kantonen mit einem *Ortsgebrauch* war dieser ebenfalls massgebend. Der Kanton Bern z. B. kannte das Minorat, das Recht des jüngsten Sohnes, den Betrieb zu übernehmen.

Da für das bäuerliche Erbrecht das Recht im Zeitpunkt des Todes des Erblassers gilt, findet diese antiquierte Rangordnung immer noch Anwendung, wenn der Erblasser *vor* dem 15. Februar 1973 gestorben und die Erbteilung noch nicht vollzogen ist.

Betriebliche Voraussetzungen

Damit ein Erbe den Betrieb zum Ertragswert übernehmen kann, muss dieser drei Voraussetzungen erfüllen. Es sind dies:

Landwirtschaftliches Gewerbe: Darunter ist die Gesamtheit von Land, Wohnhaus und Ökonomiegebäuden zu verstehen, soweit diese betriebsnotwendig sind.

Voll erschlossenes, baureifes Land gehört nicht dazu. Ob Bauerwartungsland noch als landwirtschaftlich anzusprechen ist, hängt vom Erschliessungsgrad ab. Liegen die Wohn- und Ökonomiegebäude in der Bauzone, findet das bäuerliche Erbrecht gleichwohl Anwendung.

Ist mit dem Landwirtschaftsbetrieb ein Nebenbetrieb (z. B. eine Metzgerei, Brennerei, Wirtschaft) eng verbunden, ist dieser Nebenbetrieb zum Verkehrswert anzurechnen. Bieten sowohl der Landwirtschaftsbetrieb wie der Nebenbetrieb je eine selbständige Existenz, kann das Gericht auch die Aufteilung unter zwei Erben verfügen.

Wirtschaftliche Einheit: Diese Voraussetzung ist erfüllt, wenn die Bewirtschaftung vom gleichen Zentrum aus, unter derselben Leitung und mit den gleichen Arbeitskräften vorgenommen werden kann. Sind also die Parzellen auch drei bis vier Kilometer vom Zentrum entfernt, ist die wirtschaftliche Einheit gleichwohl gegeben.

Ausreichende landwirtschaftliche Existenz: Zwergbetriebe können nicht zum Ertragswert zugewiesen werden. Die kritische Grenze liegt heute etwa bei vier bis fünf Hektaren. Ob das Kriterium erreicht wird, hängt auch von der Art der Bewirtschaftung (z. B. intensive Nutzung: Obstbetriebe, oder extensive Nutzung: Alpweide) ab. Eigenland des Bewerbers, Anteile an Korperationen und längerdauernde Pachtverhältnisse, die mit dem Betrieb des Erblassers mitbewirtschaftet wurden, können ebenfalls für die Erfüllung dieses Kriteriums herangezogen werden.

Ob ein Betrieb nur einen Junggesellen oder eine Bauernfamilie mit zwölf Kindern ernähren muss, spielt keine Rolle. Als Durchschnitt für die Schweizer Bauernfamilie gilt immer: *Ehepaar mit zwei schulpflichtigen Kindern.*

Die Zuweisung nach neuem Recht

Persönliche Voraussetzungen

Eignung und Selbstbewirtschaftung: Nach altem Recht genügte die Eignung, um die Zuweisung des Betriebs zu verlangen, wenn kein Selbstbewirtschafter als Konkurrent vorhanden war. Neu ist die Selbstbewirtschaftung ein absolut notwendiges Kriterium. Im BGBB wird als Selbstbewirtschafter oder Selbstbewirtschafterin definiert, wer den landwirtschaftlichen Boden selber bearbeitet und das landwirtschaftliche Gewerbe persönlich leitet.

Betriebliche Voraussetzungen

Der Begriff des landwirtschaftlichen Gewerbes wird neu im Gesetz definiert als «eine Gesamtheit von landwirtschaftlichen Grundstükken, Bauten und Anlagen, die als Grundlage der landwirtschaftlichen Produktion dient und die mindestens die halbe Arbeitskraft einer bäuerlichen Familie beansprucht». Bezüglich der Betriebsgrösse wird von einem Betrieb mit sechs bis sieben Hektaren auszugehen sein, wobei es selbstverständlich auch in diesem Fall auf die Intensität der Nutzung ankommt.

Neu wird nun ausdrücklich festgehalten, dass das bäuerliche Erbrecht auch für Grundstücke und Grundstücksteile mit landwirtschaftlichen Gebäuden und Anlagen einschliesslich eines angemessenen Umschwungs gilt, wenn diese zwar in einer Bauzone liegen, aber zu einem landwirtschaftlichen Gewerbe gehören.

Weitere Neuerungen

Zuweisung zum Verkehrswert: Wenn kein selbstbewirtschaftender Erbe vorhanden ist, kann jeder pflichtteilsgeschützte Erbe (Nachkommen, Eltern, Ehegatte oder Gattin) die Zuweisung des Landwirtschaftsbetriebes zum Verkehrswert verlangen. Unter altem Recht führte die Uneinigkeit der Miterben über die Zuweisung letztlich zu einer Versteigerung des Betriebs.

Wohnrecht für die Ehegattin oder den Gatten: Wenn das landwirtschaftliche Gewerbe einem anderen Erben als dem überlebenden Ehepartner zugewiesen wird, kann dieser für sich die Einräumung eines Wohnrechts oder einer Nutzniessung verlangen. Dies allerdings nur, wenn die Umstände, insbesondere die räumlichen Verhältnisse, es erlauben.

Zuweisung von Mit- oder Gesamteigentum: Diese Bestimmung betrifft die Rechtsverhältnisse wie beispielsweise die Situation zweier Brüder, die gemeinsam einen Hof besitzen. Nach altem Recht konnte ein Mit- oder Gesamteigentümer eines Hofes im Erbfall die Zuweisung des anderen Anteils nicht zum Ertragswert verlangen, weil im Nachlass kein landwirtschaftliches Gewerbe, sondern nur ein Teil eines solchen lag. Das neue Recht bestimmt nun ausdrücklich, dass ein Mit- oder Gesamteigentümer die Zuweisung des anderen Teils zum Ertragswert verlangen kann, wenn er diesen zur Selbstbewirtschaftung übernehmen will.

Zuweisungsanspruch für Einzelgrundstücke: Nach altem Recht konnte eine Zuweisung von Einzelgrundstücken nicht verlangt werden. Neu kann ein Erbe die Zuweisung einzelner Grundstücke zum *doppelten Ertragswert* verlangen, wenn er Eigentümer eines landwirtschaftlichen Gewerbes ist und das Grundstück in einer anderen Erbschaft aber im ortsüblichen Bewirtschaftungsbereich liegt.

Durch das neue bäuerliche Erbrecht wurde die Bestimmung aufgehoben, wonach einzelne landwirtschaftliche Grundstücke auch zum Ertragswert zugewiesen werden konnten, wenn der Übernehmer nicht Selbstbewirtschafter war. Werden gleichwohl solche Grundstücke einem Nicht-Selbstbewirtschafter zugewiesen, müssen die Miterbinnen und -erben diese Zuweisung zum Ertragswert nicht akzeptieren, wenn dadurch ihr Pflichtteil verletzt wird.

Veräusserungsverbot: Zur Sicherung der Selbstbewirtschaftung wurde ein Veräusserungsverbot während zehn Jahren nach der Übernahme erlassen. Ein vorzeitiger Verkauf des zugewiesenen Gewerbes oder der Grundstücke ist also nur mit Zustimmung der Miterben möglich.

Kaufsrecht: Ebenfalls der Sicherung der Selbstbewirtschaftung dient das Kaufsrecht, das jeder Miterbin und jedem Miterben zusteht, wenn sie das landwirtschaftliche Gewerbe selber bewirtschaften wollen und dafür als geeignet erscheinen. Dieses Kaufsrecht kommt zum Tragen, wenn der Übernehmer innert zehn Jahren seit der Übernahme die Selbstbewirtschaftung definitiv aufgibt.

Bäuerliches Erbrecht und Testament

Erfüllen mehrere Erben oder Erbinnen die Voraussetzungen für eine Hofübergabe, so kann sich der Erblasser in einer letztwilligen Verfügung für einen unter ihnen entscheiden. Ansonsten muss er sich jedoch an die Regeln des bäuerlichen Erbrechts halten.

Gottlieb Maier, 1917, ist Eigentümer eines stattlichen Bauernhofes. Er hat drei Kinder, Hans, Fritz und Marie. Hans, der Älteste, besuchte die landwirtschaftliche Schule und arbeitet auf dem Betrieb aktiv mit. Gottlieb Maier hat in seinem Testament folgende

Verfügung getroffen: «1. Meinen Nachkommen Fritz und Marie vermache ich das Grundstück ‹Gugger›, 1,5 ha Acker und Wiese, als Entgelt für ihre Mithilfe. 2. Den restlichen Landwirtschaftsbetrieb vermache ich meinem Sohn Hans zum Ertragswert.»

Hans, als Selbstbewirtschafter, muss sich diese Schmälerung des Landwirtschaftsbetriebes nicht gefallen lassen. Sein Anspruch auf ungeteilte Zuweisung kann ihm weder durch Testament noch durch Erbvertrag entzogen werden. Er könnte das Testament innert Jahresfrist seit Testamentseröffnung erfolgreich anfechten. Der Gegenwert des Landes (Ertragswert) hat er in die Erbmasse einzuwerfen.

Wären Hans und Fritz (oder auch Marie) als Landwirte tätig, könnte der Vater in seinem Testament bestimmen, welches Kind den Hof erhält. Selbst wenn Fritz der schlechtere Bauer wäre und seine persönlichen Verhältnisse (z. B. ledig) mit denjenigen von Hans nicht konkurrieren könnten, müsste der Wille des Vaters respektiert werden. Wäre aber Fritz als Übernehmer bestimmt worden, ohne dass er zur Selbstbewirtschaftung geeignet oder gewillt wäre, könnte Hans als einziger Selbstbewirtschafter das Testament erfolgreich anfechten.

Mit der Hofübergabe sollte, wenn der Vater oder die Mutter im vorgerückten Alter steht, nicht bis zum Tod zugewartet werden. Die vielfältigen Probleme einer Betriebsübernahme (z. B. Steuerprobleme, Rechtsstellung des überlebenden Ehegatten) lassen sich in einem Vertrag zu Lebzeiten besser lösen.

An der oben skizzierten Regelung hat das neue Recht nichts geändert. Es enthält aber eine Präzisierung: Der Erblasser kann einem pflichtteilsgeschützten Erben, der das Gewerbe selber bewirtschaften will, diesen Anspruch nicht zugunsten eines eingesetzten Erben entziehen. Mit anderen Worten: Wenn der Vater einen Dritten, der als Landwirt tätig ist, oder auch einen Enkel testamentarisch als Übernehmer des Hofes einsetzt, muss sich die Tochter, die Selbstbewirtschafterin ist, diese Benachteiligung nicht gefallen lassen. Sie kann, weil pflichtteilsgeschützt, das Testament anfechten.

Gewinnanspruch der Miterben

Auch das Gewinnanspruchsrecht wurde durch das neue bäuerliche Bodenrecht revidiert. In den Grundzügen wurde die alte Regelung beibehalten; auf die wesentlichen Änderungen wird nachstehend eingegangen. Auch in bezug auf den Gewinnanspruch werden zwei Rechte nebeneinander bestehen. Das Übergangsrecht bestimmt nämlich, dass ein nach altem Recht vereinbarter oder gesetzlicher Gewinnanspruch auch unter dem neuen Recht grundsätzlich seine Gültigkeit behält.

Die Zuweisung des Landwirtschaftsbetriebs zum Ertragswert stellt ein grosses Entgegenkommen dar. Das Gesetz muss deshalb verhindern, dass der oder die Begünstigte daraus ungerechtfertigt Kapital schlägt. Beim Verkauf eines Betriebes sind alle Miterben am Mehrerlös beteiligt.

Das Gewinnanspruchsrecht bildet ein Gegengewicht zum Ertragswert. Veräussert der Landwirt den Betrieb oder ein Grundstück, das er *unter dem Verkehrswert* (also nicht notwendigerweise zum Ertragswert) übernommen hat, wäre es unbillig, wenn er den ganzen Gewinn für sich einstreichen könnte. Deshalb besteht zugunsten des Veräusserers und – wenn er gestorben ist – zugunsten der Miterbinnen und Miterben ein Gewinnanspruchsrecht. Dieses besteht während 25 Jahren ab Vertragsunterzeichnung. Das Gewinnanspruchsrecht hat bei landwirtschaftlichen Grundstücken Gültigkeit auch ohne Vormerkung im Grundbuch. Bei Baulandgrundstücken muss der Gewinnanspruch speziell vereinbart werden. Eine Vormerkung im Grundbuch ist nicht mehr möglich.

Neu gilt das Gewinnanspruchsrecht von Gesetzes wegen nur noch bei der erbrechtlichen Zuweisung eines Landwirtschaftsbetriebs und bei der Ausübung des gesetzlichen Vorkaufsrechts. Mit anderen Worten: Überträgt der Vater dem Sohn den Betrieb zu Lebzeiten, muss der Gewinnanspruch beispielsweise der übrigen Geschwister vertraglich vereinbart werden; er besteht nicht mehr von Gesetzes wegen. Die Miterben werden jedoch auf die Instrumente der Herabsetzung und der Ausgleichung (vgl. S. 130) verwiesen.

Aufgehoben wurde auch die Möglichkeit, eine Gewinnbeteiligung bezüglich nichtlandwirtschaftlicher Grundstücke im Grundbuch vormerken zu lassen.

Vom Gewinnanspruchsrecht sind nicht nur die Liegenschaftsverkäufe erfasst, sondern auch die *Enteignungen*. Ferner sind der Veräusserung die Einräumung eines Baurechts oder eines Kiesausbeutungsrechtes gleichgestellt. Bei diesen Rechtsgeschäften bleibt der Erbe Grundeigentümer; aus der Rechtseinräumung erzielt er gleichwohl einen Gewinn.

Das neue Recht bringt diesbezüglich eine Präszisierung, indem generell der Übergang von einer landwirtschaftlichen zu einer nichtlandwirtschaftlichen Nutzung als Veräusserung qualifiziert wird. Auch eine vorübergehende Zweckentfremdung kann den Gewinnanspruch der Miterben auslösen. Zu denken wäre etwa an die Überlassung eines landwirtschaftlichen Grundstückes als Campingplatz, Materialdeponie oder als Golfplatz.

Neu löst auch die *Einzonung von Landwirtschaftsland in eine Bauzone* den Gewinnanspruch aus. Als massgeblichen Zeitpunkt für die Veräusserung bestimmt das Gesetz die Einleitung des Verfahrens für die Zuweisung in die Bauzone. Davon zu unterscheiden ist die Fälligkeit, die erst bei der Realisierung, spätestens aber 15 Jahre nach der rechtskräftigen Einzonung, eintritt.

Durch einen schriftlichen *Vertrag* kann das Gewinnanspruchsrecht aufgehoben oder abgeändert (z. B. verlängert) werden.

In folgenden Fällen muss der Übernehmer nicht den ganzen Gewinn teilen:

● Wenn der Erbe für das verkaufte Grundstück ein anderes Grundstück kauft, kann er ein *ertragsmässig* höchstens gleichwertiges Ersatzgrundstück kaufen. Hier gilt es, ein weitverbreitetes Missverständnis klarzustellen:

Hat der Landwirt z. B. 10 Aren Bauland für Fr. 200 000.- verkauft, so kann er nicht für Fr. 200 000.- landwirtschaftliches Ersatzland (also z. B. 2 ha à Fr. 10.-) kaufen, sondern nur soviel, wie das Bauland landwirtschaftlichen Ertrag abgeworfen hat. Den Rest muss er mit den Geschwistern teilen. Mit andern Worten: Bei gleicher Qualität kann die gleiche Fläche als Ersatz angeschafft werden.

● Verwendet der Erbe einen Betrag zur *notwendigen Ausbesserung* des Gebäudes, kann dieser Betrag ebenfalls in Abzug gebracht werden. Auch hier gilt: Das Gesetz spricht von notwendiger *Ausbesserung*. Selbst bei grosszügiger Auslegung ist damit nicht jede *Investition* (z. B. Vergrösserung des Stalles) abgesegnet. Die Grenzen zwischen Ausbesserungen und Investitionen sind fliessend. Einen gewissen Spielraum wird man dem Landwirt zubilligen müssen.

Auch in diesem Punkt hat das neue Gesetz dem Landwirt eine Erleichterung zugestanden, indem es bestimmt: «Erstellt der Erbe ersatzweise eine neue Baute oder Anlage, um damit den Weiterbestand der landwirtschaftlichen Nutzung zu sichern, so kann er vom Veräusserungspreis den für die Erstellung aufgewendeten Betrag abziehen.» Das bedeutet, dass — entgegen dem alten Recht — nun auch Neubauten zulässig sind und nicht bloss Ausbesserungen an den alten Gebäuden vorgenommen werden können.

● Mit jedem Jahr Besitzdauer kann der Erbe zudem 2 % des Gewinnes (sogenannter Besitzesdauerrabatt) für sich allein beanspruchen. Die Begründung liegt darin, dass dem Eigentümer ein gewisser Inflationsausgleich zugestanden werden soll.

Streitpunkt Lidlohn

In der Landwirtschaft arbeiten häufig erwachsene Söhne oder Töchter auf dem elterlichen Betrieb mit, ohne regelmässig einen Lohn zu beziehen. Bei der Auflösung des «Arbeitsverhältnisses» kommt es immer wieder zum Streit. Auch hier gilt: Vorbeugen ist besser als heilen. Eine Vereinbarung zu Lebzeiten schafft Klarheit.

«Ich habe zwanzig Jahre zu Hause auf dem Landwirtschaftsbetrieb mitgeholfen, ohne einen Lohn zu beziehen. Jetzt, da mein Vater gestorben ist und mein Bruder den Hof erbt, will ich nicht mehr zurückstehen. Welche Ansprüche stehen mir zu, und wann kann ich sie geltend machen?»

Anspruch auf eine «angemessene Entschädigung» — wie das Gesetz sagt — haben Kinder oder Grosskinder, die ihren Eltern oder Grosseltern nach Erreichen der Mündigkeit im gemeinsamen Haushalt ihre Arbeit oder ihre Einkünfte zugewendet haben.

Die Höhe des Anspruches richtet sich nach den vom Schweizerischen Bauernsekretariat ermittelten Lidlohnansätzen, die das Bundesgericht als angemessen betrachtet. Diese Ansätze, die je nach beruflichen Fähigkeiten und ausserordentlicher Beanspruchung bis 25 % erhöht werden können, ergeben folgendes Bild:

Jahr	mittlerer Lidlohnansatz pro Jahr in Franken Mann	Frau
1955/57	1200.–	1080.–
1958/60	1300.–	1190.–
1961/63	1520.–	1390.–
1964/66	1980.–	1800.–
1967/69	2550.–	2340.–
1970/72	3600.–	3220.–
1973/75	5290.–	4080.–
1976	5710.–	4610.–
1977	5910.–	4680.–
1978	6100.–	4920.–
1979	6290.–	5070.–
1980	6640.–	5740.–
1981	7400.–	6030.–
1982	7530.–	6580.–
1983	7820.–	6750.–
1984	8130.–	6980.–
1985	8440.–	7310.–
1986	8690.–	7530.–
1987	8740.–	7650.–
1988	9490.–	8500.–
1989	9780.–	8890.–
1990	10 290.–	9610.–
1991	10 730.–	10 290.–
1992	11 000.–	10 770.–
1993	11 100.–	10 820.–
1994 (prov.)	11 100.–	10 820.–

Der Lidlohnanspruch kann vom Erblasser durch eine letztwillige Verfügung weder ganz noch teilweise unterdrückt werden. Wenn also der Vater im Testament bestimmt, die Tochter sei mit Fr. 20 000.- für ihre Lidlohnansprüche abgefunden, es würden ihr nach der üblichen Berechnung aber Fr. 30 000.- zustehen, muss ihr dieser Betrag ausbezahlt werden. Das Bundesgericht dazu wörtlich: «Die Höhe der Entschädigung richtet sich ausschliesslich nach den im Rahmen des richterlichen Ermessens im Einzelfall wesentlichen Bemessungsfaktoren und *nicht nach dem Willen des Erblassers.*»

Wann kann der Lidlohnanspruch geltend gemacht werden? Das Gesetz sagt, dass der Lidlohnanspruch *mit dem Tod* des Schuldners (Erblasser oder der Erblasserin) geltend zu machen sei. Dies ist jedoch keine zwingende Vorschrift. Es genügt, wenn die Ansprüche bei der *Erbteilung* angemeldet werden. Ist die Erbteilung vollzogen, ist auch der Zug für Lidlohnansprüche endgültig abgefahren.

Bereits zu *Lebzeiten* des Schuldners kann die Auszahlung verlangt werden, wenn

- über den Betriebsinhaber der Konkurs eröffnet wird oder gegen ihn eine Pfändung erfolgt.
- der gemeinsame Haushalt aufgehoben wird.
- der Betrieb verkauft wird.

Dem Lidlohn vorzuziehen ist eine Lösung via Lohngutschrift oder Barlohn. Zwei Gründe sprechen dafür:

- Beim Lidlohn versteuert der Vater (Lidlohnpflichtige) das ganze Einkommen. Dadurch fällt er automatisch in eine höhere *Progressionsstufe.*

- Da der Vater beim Lidlohn die AHV-Beiträge bezahlt, bleiben der Sohn oder die Tochter auf dem Minimum.

Zum Problemkreis *Lidlohn* gibt es eine übersichtliche Broschüre mit dem Titel «Der Lidlohnanspruch» (zu beziehen beim Schweizerischen Bauernverband, Laurstrasse 10, 5200 Brugg, Tel. 056/32 51 11).

11. Kapitel

Altes Recht: noch immer wichtig

«Drei berichtigende Worte des Gesetzgebers,
und ganze Bibliotheken werden zur Makulatur.»
Kirchmann

Wann gilt das alte Recht?

Warum noch altes Güter- und Erbrecht? – Am 1. Januar 1988 ist das neue Ehe- und Erbrecht in Kraft getreten. Damit gilt grundsätzlich automatisch das neue Recht. Gleichwohl wird uns das alte Recht noch lange Zeit beschäftigen.

Güterrecht

- Bis zum 31. Dezember 1988 konnten die Eheleute gemeinsam erklären, den alten ordentlichen Güterstand der *Güterverbindung* beibehalten zu wollen. Die Güterverbindung wird somit noch lange neben den andern Güterständen des neuen Rechts existieren.

- Starb ein Ehegatte vor dem 1. Januar 1988, richtet sich die güterrechtliche Auseinandersetzung ebenfalls nach dem alten Recht der Güterverbindung.

- Bestand ein Ehevertrag (z. B. Gütergemeinschaft) und trat der Tod eines Ehegatten vor dem 1. Januar 1988 ein, richtet sich die güterrechtliche Auseinandersetzung nach dem altrechtlichen Ehevertrag. Insofern ist weiterhin die Kenntnis der altrechtlichen Güterstände notwendig.

157

Erbrecht

Massgebend für das anwendbare Recht ist der *Todestag* des Erblassers und nicht etwa das Teilungsdatum. Starb eine Person vor dem 1. Januar 1988, so ist das alte Erbrecht massgebend. Da wir in der Schweiz viele unverteilte Erbschaften haben, werden wir noch Jahrzehnte wohl oder übel mit zwei Erbrechten nebeneinander leben müssen.

Ein Beispiel: Der Vater ist am 27. Oktober 1984 verstorben. Glücklicherweise waren die Kinder schon erwachsen. Ein Sohn hat sich in der Zwischenzeit verheiratet. Kinder hat das junge Ehepaar noch keine. Am 4. Februar 1988 verunglückt der Sohn mit seinem Töff tödlich. Wie werden die Nachlässe geteilt?

Für die Erbteilung des Vaters gilt noch das vor dem 1. Januar 1988 anwendbare Recht. Konkret bedeutet dies, dass die Kinder vom Nachlass ihres Vaters ¾ erben (wäre der Vater nach dem 1. Januar 1988 gestorben, wäre es nur die Hälfte).

Den tödlich verunglückten Sohn hingegen beerbt die Mutter nach neuem Recht, weil der Todestag nach dem 1. Januar 1988 war. Wäre der Sohn am 30. Dezember 1987 noch unter altem Recht verstorben, würde sie ⅜, belastet mit der Nutzniessung, erben. Nach neuem Recht erbt sie nur noch ⅛.

Aus dieser Gegenüberstellung ist ersichtlich, wie wichtig das anwendbare Recht ist. Je nachdem entsteht ein ganz anderes Teilungsergebnis.

Merke: Todestag vor dem 1. Januar 1988 = altes Recht
             Todestag nach dem 1. Januar 1988 = neues Recht

Güterverbindung

Die Güterverbindung war der ordentliche Güterstand des alten Rechts. Schematisch lässt sich die Güterverbindung wie folgt darstellen:

Mann	Frau
● Eingebrachtes Gut	● Eingebrachtes Gut
● Sondergut	● Sondergut
● Errungenschaft $\frac{2}{3}$ (Vorschlag)	● Errungenschaft $\frac{1}{3}$ (Vorschlag)

Definiert werden die Vermögensmassen wie folgt:

Eingebrachtes Gut
● das bei Abschluss der Ehe vorhandene Vermögen (z. B. Aussteuer, Ersparnisse)
● Vermögensanfall während der Ehe durch Erbschaft oder Schenkung

Vorschlag
● während der Ehe erworbenes Vermögen

Dazugerechnet werden noch die Sondergüter von Mann und Frau. Das Sondergut der Ehefrau besteht aus
● dem Verdienst aus selbständiger Arbeit (also nicht Arbeit im Geschäft des Ehemannes)
● den Vermögenswerten, mit denen sie einen Beruf oder ein Gewerbe betreibt
● den persönlichen Effekten sowie dem Schmuck

Damit ein Vergleich mit der Errungenschaftsbeteiligung (5. Kapitel) sowie den andern Güterständen möglich ist, werden nachfolgend immer die gleichen Zahlen verwendet:

Eingebrachtes Gut des Mannes	Fr. 60 000.-
Eingebrachtes Gut der Frau	Fr. 20 000.-
Ersparnis aus Verdienst des Ehemanns (Vorschlag)	Fr. 90 000.-

159

Güter- und erbrechtliche Auseinandersetzung

Mann und Frau nehmen je ihr eingebrachtes Gut wieder an sich, die Frau somit Fr. 20 000.-, der Ehemann Fr. 60 000.-.

Die Errungenschaft (Vorschlag), also Fr. 90 000.-, wird wie folgt geteilt: ⅓ des Vorschlages (Fr. 30 000.-) fällt an die Ehefrau oder ihre *Nachkommen*. ⅔ des Vorschlages (Fr. 60 000.-) fallen an den Ehemann oder dessen *Erben*.

Ein Unterschied besteht nicht nur in der Höhe des Anteils (⅓ und ⅔), sondern auch in bezug auf den Kreis der Erben.

Stirbt die *Ehefrau* kinderlos, fällt der ganze Vorschlag von Fr. 90 000.- dem Ehemann zu. Die übrigen gesetzlichen Erben (z. B. Geschwister der Ehefrau) erben am Vorschlag nichts.

Stirbt der *Ehemann* kinderlos, steht der Ehefrau nur ⅓ (Fr. 30 000.-) des Vorschlages zu, die restlichen ⅔ (Fr. 60 000.-) muss sie mit den gesetzlichen Erben des Ehemannes teilen.

Eheliches Vermögen		Fr. 170 000.-
./. Eingebrachtes Gut des Mannes	Fr. 60 000.-	
./. Eingebrachtes Gut der Frau	Fr. 20 000.-	Fr. 80 000.-
Vorschlag		Fr. 90 000.-
Ehefrau ⅓		Fr. 30 000.-
Ehemann ⅔		Fr. 60 000.-

Beim Tod des Ehemannes stehen der Ehefrau somit folgende güterrechtlichen Ansprüche zu:

Eingebrachtes Gut der Frau	Fr. 20 000.-
⅓ Vorschlagsanteil	Fr. 30 000.-
Total güterrechtliche Ansprüche	Fr. 50 000.-

In die Erbmasse fallen also folgende Vermögenswerte:

Eingebrachtes Gut des Mannes	Fr. 60 000.-
⅔ Vorschlagsanteil	Fr. 60 000.-
Nachlassvermögen	Fr. 120 000.-
Gesetzlicher Erbteil der überlebenden Ehefrau ¼	Fr. 30 000.-
Gesetzlicher Erbteil der Nachkommen ¾	Fr. 90 000.-

Total der Ansprüche:
Die Ehefrau erhält:

aus güterrechtlichem Anspruch	Fr. 50 000.-
aus erbrechtlichem Anspruch	Fr. 30 000.-
Total des Anspruches	Fr. 80 000.-

Beim Tod der Ehefrau erfolgt die güter- und erbrechtliche Auseinandersetzung nach den gleichen Grundsätzen.

Der Ehemann beansprucht:

sein eingebrachtes Gut	Fr. 60 000.-
⅔ Vorschlagsanteil	Fr. 60 000.-
Total güterrechtliche Ansprüche	Fr. 120 000.-

In die Erbmasse fallen somit folgende Vermögenswerte:

Eingebrachtes Gut der Ehefrau	Fr. 20 000.-
⅓ Vorschlagsanteil	Fr. 30 000.-
Nachlassvermögen	Fr. 50 000.-
Gesetzliche Erbteile:	
des überlebenden Ehemannes ¼	Fr. 12 500.-
der Nachkommen (Muttergut) ¾	Fr. 37 500.-

Total der Ansprüche:
Der Ehemann erhält:

aus güterrechtlichem Anspruch	Fr. 120 000.-
aus erbrechtlichem Anspruch	Fr. 12 500.-
Total des Anspruches	Fr. 132 500.-

Begünstigung durch Änderung der Vorschlagsbeteiligung

Viele alte Eheverträge sahen eine Abänderung der Vorschlagsbeteiligung vor, indem der *gesamte Vorschlag* dem überlebenden Ehegatten zugewiesen wurde. Im Beispiel ergibt sich folgendes Bild:

Güterrechtliche Ansprüche:	
Eingebrachtes Gut der Frau	Fr. 20 000.-
Ganzer Vorschlag	Fr. 90 000.-
Total der güterrechtlichen Ansprüche	Fr. 110 000.-

Erbrechtliche Ansprüche:	
In die Erbmasse fällt nur noch das eingebrachte Gut des Ehemannes von	Fr. 60 000.-
Gesetzlicher Erbteil der überlebenden Ehefrau ¼	Fr. 15 000.-
Gesetzlicher Erbteil der Nachkommen ¾	Fr. 45 000.-

Total der Ansprüche:
Die Ehefrau erhält:

aus güterrechtlichem Anspruch	Fr. 110 000.-
aus erbrechtlichem Anspruch	Fr. 15 000.-
Total des Anspruches	Fr. 125 000.-

161

Allgemeine Gütergemeinschaft

Die altrechtliche Gütergemeinschaft ist weitgehend identisch mit der neurechtlichen Regelung. Schematisch lässt sich die altrechtliche Gütergemeinschaft wie folgt darstellen:

Mann und Frau
● Eigengut: Mann und Frau
● Errungenschaft: Mann und Frau (Vorschlag)

● Sondergut des Mannes	● Sondergut der Frau

Die güterrechtliche Auseinandersetzung bei der Gütergemeinschaft ist denkbar einfach: Das Gesamtgut wird hälftig geteilt.

Eingebrachtes Gut des Mannes	Fr. 60000.-
Eingebrachtes Gut der Frau	Fr. 20000.-
Vorschlag	Fr. 90000.-
Gesamtgut	Fr. 170000.-
Anteil pro Ehegatte	Fr. 85000.-

Begünstigung bei Nachkommen

Statt der Teilung nach Hälften konnte ehevertraglich eine andere Aufteilung vereinbart werden. Den Nachkommen durfte jedoch ¼ des Gesamtgutes nicht entzogen werden. Dem überlebenden Ehegatten stehen somit ¾ des Gesamtgutes zu. Wurde diese Variante gewählt, entfällt eine zusätzliche erbrechtliche Auseinandersetzung.

Ehegatte	¾	Fr. 127500.-
Nachkommen	¼	Fr. 42500.-
Gesamtgut	⅟₁	Fr. 170000.-

Nach neuem Recht beträgt die Begünstigung des überlebenden Ehegatten $13/16$, also $1/16$ mehr als nach altem Recht.

In der Praxis findet man noch häufig Eheverträge auf Gütergemeinschaft, in denen dem überlebenden Ehegatten ¾ des Gesamtgutes zu Eigentum zugewendet und der den Nachkommen zustehende ¼ in Verletzung ihres güterrechtlichen Pflichtteils mit der Nutzniessung zugunsten des überlebenden Ehegatten belastet wurde.

Haben die Nachkommen diese zusätzliche Belastung nicht innert Jahresfrist gerichtlich angefochten, haben sie auch die Nutzniessung akzeptiert.

Was bleibt dem Ehegatten?

Starb der Erblasser ohne Testament oder Erbvertrag, ist der Nachlass nach den Regeln über die gesetzliche Erbfolge zu teilen: Der Anteil des überlebenden Partners hängt vom Vorhandensein weiterer Erben ab.

Nachkommen

Der überlebende Ehegatte erhält einen Viertel zu Eigentum. Die Nachkommen erhalten drei Viertel zu Eigentum.

Beispiel: Der Erblasser hinterlässt seine Ehefrau und seine beiden Söhne. Es erben: die Ehefrau ¼, die Söhne ¾.

Statt des Eigentumsviertels kann die überlebende Ehegattin (oder der Gatte) auch die Hälfte der Erbschaft zur Nutzniessung beanspruchen. Welche Lösung ist für sie vorteilhafter? Der Entscheid hängt von zahlreichen Faktoren ab und will reiflich überlegt sein. Einmal gefällt, ist er unwiderruflich.

Das Gesetz setzt keine Frist, innert welcher der überlebende Ehegatte zwischen der Nutzniessung und der Eigentumsquote entscheiden muss. Das Wahlrecht muss jedoch spätestens bei der Teilung der Erbschaft geltend gemacht werden. Zögert der Ehegatte den Entscheid hinaus, können die Miterben die Ausübung durch gerichtliche Klage erzwingen.

Werden *Liegenschaften* im Grundbuch auf die Erbengemeinschaft eingetragen und hat der überlebende Ehegatte die Wahl noch nicht vorgenommen, wird nicht einfach die Wahl des Eigentumsviertels vermutet. Nach einem neuen Bundesgerichtsentscheid muss der Grundbuchführer vielmehr neben den Namen des überlebenden Ehegatten folgende Bemerkung setzen: *«Das Wahlrecht des überlebenden Ehegatten wurde noch nicht ausgeübt»*, aber *«bleibt vorbehalten»*.

Nutzniessung bedeutet, dass man — im Gegensatz zum Eigentum — eine Sache nur nutzen, nicht aber darüber verfügen darf. Nutzniessung bedeutet:

- das Haus bewohnen — nicht aber verkaufen.
- die Zinsen verbrauchen — nicht aber das Kapital.
- die Äpfel pflücken — nicht aber den Baum fällen.

Das Nutzniessungsverhältnis ist bezüglich des Unterhalts vergleichbar mit der Pacht oder Miete: «Ich besitze die Nutzniessung an unserem Einfamilienhäuschen. Bis jetzt haben die Kinder die Hypothekarzinsen bezahlt, ich selbst die Steuern und Abgaben. Wie aber steht es mit den Reparaturen? Die Fassade muss dringend erneuert werden.»

- Der gewöhnliche Unterhalt sowie die Auslagen für die Bewirtschaftung gehen zu Lasten des Nutzniessers.
- Ausserordentliche Aufwendungen und Reparaturen hat der Eigentümer zu tragen.

Im Unterschied zu Pacht oder Miete gehen jedoch die Hypothekarzinsen, die Steuern und Abgaben sowie die Versicherungsprämien zu Lasten des *Nutzniessers*.

Bei der Nutzniessung an *Aktien* fällt die Dividende selbstverständlich dem Nutzniesser zu. Ebenfalls besitzt er und nicht der Eigentümer das Stimmrecht.

Wie soll sich der überlebende Ehegatte entscheiden? Die Wahl kann nur aufgrund der individuellen, persönlichen Verhältnisse getroffen werden. Mathematisch zieht der jüngere überlebende Ehegatte aus der Wahl der Nutzniessung einen finanziellen Vorteil. Für den Entscheid können aber auch andere Faktoren — wie die Zusammensetzung des Nachlassvermögens — massgebend sein. Besteht das Nachlassvermögen beispielsweise aus einer einzigen Liegenschaft und möchte der überlebende Ehegatte in dieser Liegenschaft wohnen bleiben, wird er zumeist die Nutzniessung wählen müssen. Dies deshalb, weil er es finanziell kaum verkraften kann, den Nachkommen ¾ der Erbschaft auszubezahlen.

Eltern, Geschwister, Geschwisterkinder

Neben Erben des elterlichen Stammes erhält der überlebende Ehegatte oder die Gattin ein Viertel der Erbschaft zu Eigentum und drei Viertel zur Nutzniessung.

Die Erben des elterlichen Stammes, d. h. die Eltern oder, wenn ein oder beide Elternteile verstorben sind, die Geschwister des Erblassers, erhalten somit ¾ des Nachlasses zu Eigentum, allerdings belastet mit der Nutzniessung.

Beispiel: Fritz Meier hinterlässt seine 56jährige Ehefrau Anna, seine Mutter und drei Geschwister. Aus der Ehe sind keine Kinder hervorgegangen. Die Ehefrau erbt ¼. An den restlichen ¾ hat sie die lebenslängliche Nutzniessung. Die *Zinsen*, nicht aber das Kapital, stehen ihr zu. Die Mutter erhält die Hälfte von ¾, also ⅜, belastet mit der Nutzniessung. Die restlichen ⅜ gehen an die Geschwister des Erblassers, ebenfalls mit der Nutzniessung belastet.

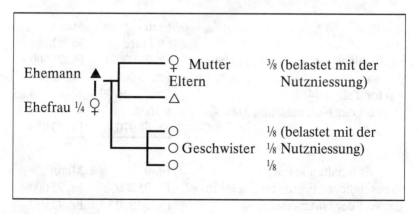

Nach der Lebenserwartung wird die Mutter aus dem Nachlass ihres Sohnes keinen Nutzen ziehen können, weil die überlebende Ehefrau Anna wahrscheinlich ihre Schwiegermutter überleben wird. Auch der überlebenden Ehefrau wird es unter Umständen sympathischer sein, mit ihrer Verwandtschaft eine definitive Teilung anzustreben und nicht mehr über die Nutzniessung mit ihr verbunden zu sein. Aus diesem Grunde wird die Nutzniessung in der Praxis oft *kapitalisiert.*

Der Nutzniesser verwaltet das Erbschaftsvermögen treuhänderisch für die Erben. Wenn zwischen dem Ehegatten und den übrigen Erben kein gutes Einvernehmen herrscht, bietet diese Regel Anlass zu Streit. Die Kapitalisierung der Nutzniessung schafft eine saubere Trennung.

Statt des jährlichen Zinses am Kapitalbetrag wird der Ehegatte mit einem einmaligen Kapitalbetrag abgefunden. Die übrigen Erben werden zumeist mit einer solchen Lösung einverstanden sein, weil sie nicht erst bei Ableben des Ehegatten, sondern bereits im heutigen Zeitpunkt Geld – wenn auch weniger – ausbezahlt erhalten.

Die Höhe des Kapitalbetrages richtet sich nach der Lebenserwartung des nutzniessungsberechtigten Ehegatten. Die Berechnung basiert auf den Barwerttafeln von Stauffer/Schaetzle, einem Werk, das sich mit der Kapitalisierung von Renten auch aus anderen Rechtsgebieten – vor allem dem Haftpflichtrecht – befasst (vgl. S. 208).

In unserem Beispiel würde die Kapitalisierung der Nutzniessung wie folgt aussehen (Nachlassvermögen Fr. 100 000.-):

	Frau	Mann
Alter	56 Jahre	56 Jahre
¾ Nachlass mit Nutzniessung belastet	Fr. 75 000.-	Fr. 75 000.-
Zinssatz 4%	Fr. 3 000.-	Fr. 3 000.-
Faktor Tafeln 44/45	16.99	14.65
Barwert der Nutzniessung 3 000.-	x 16.99 =	x 14.65 =
	Fr. 50 970.-	Fr. 43 950.-

	Frau	Mann
Es erhalten somit:		
¼ gesetzlicher Erbteil zu Eigentum	Fr. 25 000.-	Fr. 25 000.-
Barwert der Nutzniessung	Fr. 50 970.-	Fr. 43 950.-

Der Mutter und den Geschwistern des Erblassers verbleiben somit	Fr. 24 030.-	Fr. 31 050.-

Dieser Betrag wird sofort ausbezahlt.
Die Erbteilung ist definitiv vollzogen.

Wenn der überlebende Ehegatte 38 Jahre alt wäre, ergäbe sich folgende Berechnung:

	Frau	Mann
Alter	38 Jahre	38 Jahre
¾ Nachlass mit Nutzniessung belastet	Fr. 75 000.-	Fr. 75 000.-
Zinssatz 4%	Fr. 3 000.-	Fr. 3 000.-
Faktor Tafeln 44/45	21.02	19.62
Barwert der Nutzniessung 3 000.-	x 21.02 =	x 19.62 =
	Fr. 63 060.-	Fr. 58 860.-

Es erhalten somit:	Frau	Mann
¼ gesetzlicher Erbteil zu Eigentum	Fr. 25 000.-	Fr. 25 000.-
Barwert der Nutzniessung	Fr. 63 060.-	Fr. 58 860.-

Der Mutter und den Geschwistern des Erblassers verbleiben somit	Fr. 11 940.-	Fr. 16 140.-

Erben des grosselterlichen Stammes

Neben Erben des grosselterlichen Stammes (3. Stamm) erbt der Ehegatte die Hälfte des Nachlasses zu Eigentum, die andere Hälfte zur Nutzniessung. Sind keine grosselterlichen Erben vorhanden, steht ihm der ganze Nachlass zu. Nach dem neuen Recht wird der Ehegatte bereits Alleineigentümer, wenn kein Erbe des elterlichen Stammes mehr lebt.

Erbrecht der übrigen Personen

Stirbt eine unverheiratete, geschiedene oder verwitwete Person, so gelten für deren Erben grundsätzlich die gleichen Erbquoten wie im neuen Recht. Zwei Einschränkungen sind jedoch zu beachten:

● Nach dem alten Recht der gesetzlichen Erbfolge besitzen Ur-grosseltern und ihre Nachkommen (4. Stamm) ein lebenslängliches Nutzniessungsrecht am Nachlass, sofern sie die nächsten Erben sind. Erbe (Eigentümer) ist jedoch das Gemeinwesen.

● In bestimmten Fällen besitzen die Geschwister sowie Nichten und Neffen noch einen Pflichtteil.

**Beispiel einer güter- und erbrechtlichen
Auseinandersetzung (altes und neues Recht)**

Die Eheleute Hans (1914) und Anna (1916) Meier-Müller heirateten am 28. April 1937. Der Ehe entsprossen drei Kinder mit den Jahrgängen 1939, 1942 und 1944. Bei Abschluss der Ehe besass der Ehemann Ersparnisse von Fr. 18 000.-, die Ehefrau von Fr. 10 000.-. Während der Ehe sparten die Eheleute Fr. 90 000.-. Durch Putzarbeit konnte die Ehefrau noch zusätzlich Fr. 12 000.- auf einem Sparheft, auf ihren Namen lautend, anlegen. Am 14. April 1984 starb Hans Meier. Die Eheleute hatten weder einen Erbvertrag noch einen Ehevertrag abgeschlossen. Eine Erbteilung wurde nicht vorgenommen.

Der älteste Sohn Fritz, 1939, heiratete am 12. Januar 1960 Heidi Luginbühl, da bereits ein Sohn Otto unterwegs war. Der glücklichen Ehe entsprossen zwei weitere Kinder, nämlich Adelbert, 1962, und Vreni, 1964. Bei Abschluss der Ehe besass Fritz kein Vermögen, hingegen hatte sich Heidi als Serviertochter Fr. 12 000.- erspart. Als Fritz am 12. Februar 1988 bei vereister Strasse frontal in einen Lastwagen prallte, hinterliess er nebst Frau und Kindern Ersparnisse von Fr. 82 000.-. Die Witwe, die bei Festen weiterhin als Serviertochter ausgeholfen hatte, hatte während der Dauer der Ehe Fr. 15 000.- erspart. Einen Ehe- oder Erbvertrag hatten auch diese Ehegatten nicht abgeschlossen.

Der Sohn Otto verlangte die Erbteilung, weil er eine mechanische Werkstätte eröffnen wollte. Wie gross ist sein Erbteil?

**A.
Teilung
altes Recht**

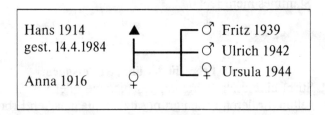

Hans 1914
gest. 14.4.1984

Anna 1916

♂ Fritz 1939
♂ Ulrich 1942
♀ Ursula 1944

**B.
Teilung
neues Recht**

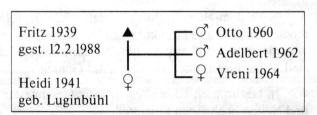

Fritz 1939
gest. 12.2.1988

Heidi 1941
geb. Luginbühl

♂ Otto 1960
♂ Adelbert 1962
♀ Vreni 1964

A. (altes Recht)
Güterrechtliche Auseinandersetzung und
Erbteilung Hans und Anna Meier-Müller

1. Güterrechtliche Auseinandersetzung

Eheliches Gesamtvermögen	Fr. 130 000.-
./. Eingebrachtes Gut Ehemann	Fr. 18 000.-
./. Eingebrachtes Gut Ehefrau	Fr. 10 000.-
./. Sondergut Ehefrau	Fr. 12 000.-
Während der Ehe erarbeitet = Errungenschaft	Fr. 90 000.-
daran Anspruch der Ehefrau ⅓	Fr. 30 000.-

2. Erbrechtliche Auseinandersetzung

Der Nachlass setzt sich zusammen aus	
Eingebrachtes Gut Ehemann	Fr. 18 000.-
⅔ Vorschlag	Fr. 60 000.-
Total Nachlass	Fr. 78 000.-
Erbrechtlicher Anspruch der Ehefrau ¼ (sie verzichtet auf ½ Nutzniessung)	Fr. 19 500.-
Erbrechtlicher Anspruch der drei Nachkommen ¾ oder pro Nachkomme Fr. 19 500.-	Fr. 58 500.-

B. (neues Recht)
Güterrechtliche Auseinandersetzung und
Erbteilung Fritz und Heidi Meier-Luginbühl

1. Güterrechtliche Auseinandersetzung

Eheliches Gesamtvermögen	Fr. 128 500.-
./. Eigengut des Ehemannes (Erbanspruch ohne seit Todestag 14.4.1984 aufgelaufenen Zins)	Fr. 19 500.-
./. Eigengut der Ehefrau	Fr. 12 000.-
Durch die Eheleute Meier-Luginbühl gemeinsam erarbeitet (= Errungenschaft)	Fr. 97 000.-
davon Anspruch der Ehefrau ½	Fr. 48 500.-

169

2. Erbrechtliche Auseinandersetzung

Der Nachlass setzt sich zusammen aus

Eigengut des Ehemannes		Fr.	19 500.-
½ eigene Errungenschaft	Fr. 41 000.-		
½ Errungenschaft Ehefrau Fr.	7 500.-	Fr.	48 500.-
Total Nachlass		Fr.	68 000.-

Erbrechtlicher Anspruch der Ehefrau ½	Fr.	34 000.-
Erbrechtlicher Anspruch der drei Nachkommen ½	Fr.	34 000.-
oder pro Nachkomme Fr. 11 333.-		

C. Pro memoria
Ansprüche der überlebenden Ehefrauen

Anna	Ihr eingebrachtes Gut	Fr.	10 000.-
Meier-Müller	Ihr Sondergut	Fr.	12 000.-
	⅓ Vorschlagsanteil	Fr.	30 000.-
	Ihr Erbrechtsanspruch	Fr.	19 500.-
Heidi Meier-	Ihr Eigengut	Fr.	12 000.-
Luginbühl	½ Errungenschaft Ehemann	Fr.	41 000.-
	½ eigene Errungenschaft	Fr.	7 500.-
	Ihr Erbrechtsanspruch	Fr.	34 000.-

Begünstigung
durch Testament und Erbvertrag

Eine besondere Begünstigungsmöglichkeit stellte die Kombination von Eigentum und Nutzniessung dar. Danach war die Zuwendung von ³⁄₁₆ zu Eigentum und ¹³⁄₁₆ zur Nutzniessung als höchstzulässige Begünstigung anerkannt. Entsprechend wurden viele Testamente und Erbverträge dieses Inhalts abgeschlossen.

Begünstigungen konnten im übrigen im Rahmen des Pflichtteilsrechts vorgenommen werden; die nachfolgende Tabelle gibt einen Überblick.

Auf einen Blick: Wie hoch ist der Pflichtteil im alten Recht?

	Quote	Hinterlassene
Erblasser/in: ledig, geschieden oder verwitwet, kinderlos	je 1/4	beide Eltern
	vQ. 1/2	
	1/4	ein Elternteil
	* 1/8	Geschwister
	vQ. 5/8	
	1/4	ein Elternteil
	* 1/16	ein(e) Bruder/Schwester
	* *	Nachkommen eines vorverstorbenen Geschwisters
	vQ. 11/16	
	1/4	ein Elternteil
	* je 1/24	zwei Geschwister
	* *	Nachkommen eines vorverstorbenen Geschwister
	vQ. 2/3	
	1/2	ein Elternteil Verwandte des vorverstorbenen Elternteils
	vQ. 1/2	
	* 1/4	Geschwister
	vQ. 3/4	
	* 1/8	ein(e) Bruder/Schwester
	* *	Nachkommen eines vorverstorbenen Geschwisters
	vQ. 7/8	
	* je 1/12	zwei Geschwister
	* *	Nachkommen eines vorverstorbenen Geschwisters
	vQ. 5/6	

	Quote	**Hinterlassene**
Erblasser/in:	3/4	Nachkommen
ledig,	vQ. 1/4	
geschieden		
oder verwitwet,		
mit Nachkommen		
Erblasser/in:	1/4	Ehegatte/Ehegattin
verheiratet	9/16	Nachkommen
oder getrennt,	vQ. 3/16	
mit Nachkommen		
Erblasser/in:	1/4	Ehegatte/Ehegattin
verheiratet oder	je * 3/16	beide Eltern
getrennt,	vQ. 3/8	
kinderlos		
	1/4	Ehegatte/Ehegattin
	3/16	ein Elternteil
	* 3/32	Geschwister
	vQ. 15/32	
	1/4	Ehegatte/Ehegattin
	3/16	ein Elternteil
	* je 1/32	zwei Geschwister
	* *	Nachkommen eines vorverstorbenen Geschwisters
	vQ. 1/4	
	1/4	Ehegatte/Ehegattin
	3/8	ein Elternteil
		Verwandte des vorverstorbenen Elternteils
	vQ. 3/8	
	1/4	Ehegatte/Ehegattin
	* 3/16	Geschwister
	vQ. 9/16	

vQ. = verfügbare Quote

*   = Bürger der Kantone ZH, BE, FR, ZG, SO, BS, BL, AG, TI, VD, NE, GE, JU konnten Geschwister vom Nachlass ausschliessen. Die verfügbare Quote erhöhte sich entsprechend.

** = Bürger der Kantone UR, OW, NW, AI, GR, VD mit letztem Wohnsitz im Heimatkanton mussten auch das Pflichtteilsrecht der Nichten und Neffen (¼ ihres gesetzlichen Anspruchs) beachten. Die verfügbare Quote verminderte sich entsprechend.

Testament / Erbfolge / Erbschaft in den einzelnen Kantonen

Stand aller Angaben: 31. August 1995

AARGAU	50'000	100'000	200'000	500'000	1'000'000
Ehegatten	steuerfrei				
Nachkommen 50'000 für Kinder, Adoptiv- und Stiefkinder, Pflegekinder sowie Enkelkinder, wenn sie an Stelle eines vorverstorbenen Kindes treten. Bei Minderjährigkeit zusätzlich 10'000. Kein Zuschlag für Eigenvermögen	1'000	2'000	6'000	20'000	45'000
Eltern Keine Freibeträge Kein Zuschlag für Eigenvermögen	2'000	4'000	10'000	35'000	80'000
Geschwister Keine Freibeträge Kein Zuschlag für Eigenvermögen	3'000	6'000	16'000	60'000	140'000
Dritte Keine Freibeträge Kein Zuschlag für Eigenvermögen	6'000	12'000	32'000	120'000	280'000

Zuständigkeit für Steuerinventar	Gemeinderat Siegelung soweit notwendig; selten
Steuerbefreite Institutionen	Gemeinwesen, öffentlich-rechtliche Anstalten und Körperschaften, juristische Personen mit wohltätigen oder gemeinnützigen Zwecken.
Unterschiede Erbvorbezug/ Erbschaft/Schenkung	Kein Unterschied
Bewertung der Liegenschaften	Der Steuerwert liegt in der Regel unter dem Verkehrswert (Steuerwert = Mittel zwischen Verkehrswert und Ertragswert). Der Verkehrswert kann ohne weiteres das Zwei- bis Dreifache des Steuerwertes ausmachen.

APPENZELL AR	50'000	100'000	200'000	500'000	1'000'000
Ehegatten	steuerfrei				
Nachkommen Kinder 10'000 frei	560	1'710	5'510	15'680	31'680
Grosskinder 10'000 frei	1'120	3'420	11'020	31'360	63'360
Stief- und Pflegekinder	1'500	4'000	12'000	32'000	64'000
+ 10'000 frei bei Kindern unter 18 Jahren bzw. bei kranken oder gebrechlichen Kindern mit dauernder Erwerbsunfähigkeit Kein Zuschlag für Eigenvermögen					
Eltern	1'500	4'000	12'000	32'000	64'000
Geschwister	4'500	12'000	36'000	96'000	192'000
Grosseltern	4'500	12'000	36'000	96'000	192'000
Onkel und Tanten, Nichten und Neffen, Stiefeltern, Schwiegerkinder, Schwiegereltern	6'750	18'000	54'000	144'000	288'000
Dritte	9'750	26'000	78'000	208'000	416'000

Zuständigkeit für Steuerinventar	Erbschaftsbehörde der Gemeinde, Siegelung sofern notwendig
Steuerbefreite Institutionen	Bund, Kanton, Einwohner-, Bürger- und Kirchgemeinden des Kantons. Grundsätzlich: Zuwendungen zugunsten öffentlicher, gemeinnütziger, wohltätiger, religiöser, wissenschaftlicher, sozialer, kultureller sowie Bildungszwecke
Unterschiede Erbvorbezug/ Erbschaft/ Vermächtnis/ Schenkung	Grundsätzlich keine Unterschiede. Steuerfreibeträge werden nur noch auf Erbschaften gewährt.
Bewertung der Liegenschaften	Der Steuerwert soll dem Verkehrswert entsprechen (bei landwirtschaftlichen Liegenschaften dem Ertragswert). Bei Verkauf gilt der tatsächliche Verkaufserlös als Verkehrswert.

APPENZELL AI	50'000	100'000	200'000	500'000	1'000'000
Ehegatten	steuerfrei				
Nachkommen 50'000 für direkte Nachkommen 50'000 für die Grosskinder insgesamt Kein Zuschlag für Eigenvermögen	–	600	2'400	9'000	19'000
Eltern 5'000 für jeden Elternteil Kein Zuschlag für Eigenvermögen	1'050	2'600	6'750	19'800	39'800
Geschwister 2'000 für jeden Bruder bzw. jede Schwester also bei einem Empfänger Kein Zuschlag für Eigenvermögen	2'280	5'440	13'800	39'840	79'840
Dritte Kein Zuschlag für Eigenvermögen	6'000	14'000	35'000	100'000	200'000
Zuständigkeit für Steuerinventar	Kantonale Steuerverwaltung				
Steuerbefreite Institutionen	Personenverbindungen, Stiftungen und Anstalten mit Sitz im Kanton, die gemäss Statuten gemeinnützige, wohltätige, kirchliche, wissenschaftliche oder künstlerische Zwecke verfolgen. Fonds, die dauernd für gemeinnützige und soziale Zwecke bestimmt sind (Personalvorsorgeeinrichtungen).				
Unterschiede Erbvorbezug/ Erbschaft/Schenkung	Kein Unterschied				
Bewertung der Liegenschaften	Es gilt der Steuerwert, der niedriger ist als der Verkehrswert. Bei Veräusserung bis und mit Teilung gilt der tatsächliche Erlös.				

BASEL-STADT	50'000	100'000	200'000	500'000	1'000'000
Ehegatten	steuerfrei				
Nachkommen 10'000 Kein Zuschlag für Eigenvermögen	1'080	2'700	6'270	19'110	41'580
Eltern 2'000 Kein Zuschlag für Eigenvermögen	2'592	5'880	13'068	38'844	83'832
Geschwister 2'000 Kein Zuschlag für Eigenvermögen	3'888	8'820	19'602	58'266	125'748
Dritte 2'000 Kein Zuschlag für Eigenvermögen	11'664	26'460	58'806	174'798	377'244

Zuständigkeit für Steuerinventar
Erbschaftsamt
Kantonale Siegelung soweit erforderlich

Steuerbefreite Institutionen
Gemeinnützige Institutionen, sofern sie im Kanton domiziliert sind. Andernfalls nur, soweit Gegenrechtsabkommen bestehen.

Unterschiede Erbvorbezug/ Erbschaft/Schenkung
Kein Unterschied

Bewertung der Liegenschaften
Selbstbewohnte Einfamilienhäuser: zu 2/3 des Realwerts.
Mehrfamilienhäuser: zum Ertragswert.

BASEL-LAND	50'000	100'000	200'000	500'000	1'000'000
Ehegatten	steuerfrei				
Nachkommen 10'000 Heiratsausstattung bis 15'000 Kein Zuschlag für Eigenvermögen	733	2'475	9'966	22'458	49'500
Eltern 10'000 Kein Zuschlag für Eigenvermögen	3'150	7'866	18'240	50'727	105'523
Geschwister 10'000 Kein Zuschlag für Eigenvermögen	4'725	11'800	27'360	76'090	158'285
Dritte 10'000 Kein Zuschlag für Eigenvermögen	12'600	31'466	72'960	198'850	417'874

Zuständigkeit für Steuerinventar	Bezirksschreiberei
Steuerbefreite Institutionen	Juristische Personen, die ideelle oder öffentliche Zwecke verfolgen. Steuerbefreit sind zudem Genugtuungsleistungen, Zuwendungen zur Abwehr von Konkurs und Pfändung sowie zum Unterhalt und für Ausbildung in Erfüllung gesetzlicher Pflichten.
Unterschiede Erbvorbezug/ Erbschaft/Schenkung	Kein Unterschied
Bewertung der Liegenschaften	Bewertung zum Verkehrswert. Landwirtschaftlich genutzte Grundstücke, einschliesslich der erforderlichen Gebäude, werden zum Ertragswert bewertet, wenn die Nutzung nach dem Vermögensübergang fortbesteht. Nachbesteuerung auf den Verkehrswert, wenn die landwirtschaftliche Nutzung aufgegeben wird oder bei Veräusserung der Liegenschaft innert 20 Jahren.

BERN	50'000	100'000	200'000	500'000	1'000'000
Ehegatten	steuerfrei				
Nachkommen Anfall bis 5'800 nicht besteuert Bei Anfall bis 69'000 sind 17'300 steuerfrei	327	1'000	2'213	7'125	18'100
Eltern Anfall bis 5'800 nicht besteuert Bei Anfall bis 6'900 sind 1'700 steuerfrei	2'500	5'525	13'175	42'800	92'800
Geschwister Anfall bis 5'800 nicht besteuert Bei Anfall bis 6'900 sind 1'700 steuerfrei	3'750	8'288	19'763	64'200	139'200
Dritte Anfall bis 5'800 nicht besteuert Bei Anfall bis 6'900 sind 1'700 steuerfrei	10'000	22'100	52'700	171'200	371'200

Zuständigkeit für Steuerinventar	Notar Siegelungen werden noch vorgenommen.
Steuerbefreite Institutionen	Von Gesetzes wegen sind der Staat, die Einwohnergemeinden etc. steuerbefreit. Von Gesetzes wegen sind öffentliche und gemeinnützige, wohltätige oder religiöse Anstalten und Stiftungen steuerbefreit; auf Gesuch hin auch private Institutionen mit gleichartigem Zweck.
Unterschiede Erbvorbezug/ Erbschaft/Schenkung	Kein Unterschied in bezug auf die Steuersätze. Bei den Freibeträgen bestehen gewisse Unterschiede.
Bewertung der Liegenschaften	Der Steuerwert ist ein amtlicher Wert und liegt unter dem Verkehrswert. Die Differenz ist in den einzelnen Regionen des Kantons verschieden.

Freiburg	50'000	100'000	200'000	500'000	1'000'000
Ehegatten 20'000 sofern gemeinsame Kinder vorhanden. Kein Zuschlag für Eigenvermögen	2'500	5'000	10'000	25'000	50'000
Nachkommen Kein Freibetrag Kein Zuschlag für Eigenvermögen	–	–	–	–	–
Eltern Kein Freibetrag Kein Zuschlag für Eigenvermögen	–	–	–	–	–
Geschwister Kein Freibetrag Kein Zuschlag für Eigenvermögen	5'000	10'000	20'000	50'000	100'000
Dritte Kein Freibetrag Kein Zuschlag für Eigenvermögen	25'000	50'000	100'000	250'000	500'000

Zuständigkeit für Steuerinventar

Friedensrichter

Steuerbefreite Institutionen

Gemeinden, soziale Werke, wohltätige Institutionen

Unterschiede Erbvorbezug/ Erbschaft/Schenkung

Kein Unterschied

Bewertung der Liegenschaften

Es besteht ein Unterschied. Der Steuerwert wird wie folgt ermittelt: 2 x Ertragswert + Verkehrswert geteilt durch 3.

Verschiedenes

Es ist ein neues Erbschaftssteuergesetz in Vorbereitung

GENF	50'000	100'000	200'000	500'000	1'000'000
Ehegatten 5'000 Freibetrag bei Erbgang im Kanton Genf, sofern Vermögensanfall nicht über 500'000; kein Zuschlag für Eigenvermögen					
Mit gemeinsamen Kindern	1'300	3'050	7'050	21'550	51'550
Ohne gemeinsame Kinder	3'150	7'150	16'150	48'150	103'150
Nachkommen 50'000 Freibetrag bei Erbgang im Kanton Genf, sofern Vermögensanfall nicht über 500'000; kein Zuschlag für Eigenvermögen	1'300	3'050	7'050	21'550	51'550
Eltern 5'000 Freibetrag bei Erbgang im Kanton Genf, sofern Vermögensanfall nicht über 500'000; kein Zuschlag für Eigenvermögen	1'300	3'050	7'050	21'550	51'550
Geschwister 500 Freibetrag bei Erbgang im Kanton Genf, und sofern der Vermögens-anfall nicht über 200'000 ist Zuschlag für Eigenvermögen	8'694	17'619	38'619	107'919	223'419
Onkel, Tanten, Grossonkel, -tanten, Nichten, Neffen	10'773	21'798	46'998	128'898	265'398
Dritte 500 Freibetrag bei Erbgang im Kanton Genf und sofern der Vermögens-anfall nicht über 100'000 ist Zuschlag für Eigenvermögen	24'696	49'896	125'496	268'296	541'296

Zuständigkeit für Steuerinventar	Juge de paix oder Notaire; Siegelung auf Antrag der Steuerbehörden, der Polizei oder eines Erben
Steuerbefreite Institutionen	Bund, Kanton Genf und dessen Anstalten, Gemeinden des Kantons Genf, Kantonsspital, psychiatrische Klinik Bel-Air, IKRK, Schweiz. Rotes Kreuz und andere gemeinnützige Institutionen.
Unterschiede Erbvorbezug/ Erbschaft/Schenkung	Es besteht ein Unterschied.
Bewertung der Liegenschaften	Der Steuerwert liegt in der Regel unter dem Verkehrswert. Die Differenz hängt von der Art der Liegenschaft und der Besitzdauer ab.

GLARUS	50'000	100'000	200'000	500'000	1'000'000
Ehegatten	steuerfrei				
Nachkommen 10'000 Kein Zuschlag für Eigenvermögen	693	1'984	4'788	16'978	42'099
Eltern 10'000 Kein Zuschlag für Eigenvermögen	1'365	4'252	11'970	43'732	90'956
Geschwister 3'000 Kein Zuschlag für Eigenvermögen	2'763	7'740	19'857	70'971	146'559
Dritte Kein Zuschlag für Eigenvermögen	11'025	29'925	75'600	267'750	551'250

Zuständigkeit für Steuerinventar

Kantonale Steuerverwaltung
Siegelung durch die kantonale Steuerverwaltung bei Verdacht auf Verletzung steuerrechtlicher Vorschriften

Steuerbefreite Institutionen

Juristische Personen, die sich ohne Erwerbs- oder Selbsthilfezwecke zu verfolgen, öffentlichen Zwecken, Kultuszwecken, Unterrichts- und Erziehungszwecken oder anderen ausschliesslich gemeinnützigen Zwecken widmen sowie Ausgleichs- und Sozialversicherungskassen und Personalfürsorgestiftungen. Zudem die öffentlich-rechtlichen Körperschaften und Anstalten des Kantons sowie des Bundes.

Unterschiede Erbvorbezug/ Erbschaft/Schenkung

Kein Unterschied

Bewertung der Liegenschaften

Verkehrswert.
Es besteht ein Unterschied zwischen Steuerwert und Verkehrswert von 20 % bei Neubauten und bis zu 400 % bei Altbauten.

GRAUBÜNDEN	50'000	100'000	200'000	500'000	1'000'000
Ehegatten Beträge bis 15'000 steuerfrei* Kein Zuschlag für Eigenvermögen	500	1'040	4'160	20'000	40'000
Nachkommen Beträge bis 10'000, minderjährige Vollwaisen 35'000 steuerfrei* Kein Zuschlag für Eigenvermögen	500	1'040	4'160	20'000	40'000
Eltern Kein Zuschlag für Eigenvermögen	500	1'040	4'160	20'000	40'000
Geschwister Kein Zuschlag für Eigenvermögen	500	1'040	4'160	20'000	40'000
Dritte Kein Zuschlag für Eigenvermögen	500	1'040	4'160	20'000	40'000
Zuständigkeit für Steuerinventar	Kantonale Steuerverwaltung, Abteilung Spezialsteuern. Eine Siegelung erfolgt in Spezialfällen durch die Kreisämter.				
Steuerbefreite Institutionen	Institutionen, die gemäss den allgemeinen Bestimmungen des Steuergesetzes des Kantons Graubünden steuerbefreit sind.				
Unterschiede Erbvorbezug/ Erbschaft/Schenkung	Der Erbvorbezug Ausserkantonaler wird im Zeitpunkt der Zuwendung besteuert. Schenkungen werden über die Schenkungssteuer besteuert.				
Bewertung der Liegenschaften	Der Steuerwert für die Nachlasssteuer entspricht dem Verkehrswert. Zum Ertragswert werden die unmittelbar einem Gewerbe-, Handels- oder Industriebetrieb dienenden, überbauten Liegenschaften (Geschäftsvermögen) bewertet, wenn sie diesem Zweck dienten und einem Erben zu diesem Zweck weiter dienen. Zum Ertragswert werden auch land- und forstwirtschaftlich genutzte Grundstücke bewertet.				
Verschiedenes	Die 213 Bündner Gemeinden erheben zusätzlich eine eigene Erbschaftssteuer.				

* Steuerfreibeträge und Steueransätze unterliegen der Indexierung.

JURA	50'000	100'000	200'000	500'000	1'000'000
Ehegatten Kein Freibetrag					
mit gemeinsamen Kindern	500	1'125	2'750	9'500	23'500
ohne gemeinsame Kinder	1'406	3'437	8'437	23'437	48'437
Kein Zuschlag für Eigenvermögen					
Nachkommen Kein Freibetrag Kein Zuschlag für Eigenvermögen	500	1'125	2'750	9'500	23'500
Eltern Kein Freibetrag Kein Zuschlag für Eigenvermögen	2'812	6'875	16'875	46'875	96'875
Geschwister Kein Freibetrag Kein Zuschlag für Eigenvermögen	4'218	10'312	25'312	70'312	145'312
Dritte Kein Freibetrag Kein Zuschlag für Eigenvermögen	11'250	27'500	67'500	187'500	387'500

Zuständigkeit für Steuerinventar	Notar Steuerinventar, sofern das Vermögen grösser als 35'000 ist
Steuerbefreite Institutionen	Wohltätige Institutionen im Kanton
Unterschiede Erbvorbezug/ Erbschaft/Schenkung	Kein Unterschied
Bewertung der Liegenschaften	Steuerwert Der Steuerwert errechnet sich aufgrund des Verkehrs- und Ertragswertes. Die landwirtschaftlichen Liegenschaften und Gebäude, die hauptsächlich oder ausschließlich der Landwirtschaft dienen und bei denen der Wert durch die Nutzung bestimmt ist, werden nach dem Ertragswert geschätzt.

LUZERN	50'000	100'000	200'000	500'000	1'000'000
Ehegatten	steuerfrei				
Nachkommen Zuwendungen unter 2'000, Zuwendungen an Kinder unter 14 Jahren oder an dauernd erwerbsunfähige Personen unter 20'000 Kein Zuschlag für Eigenvermögen	700	1'500	3'200	9'500	20'000
Eltern Zuwendungen unter 1'000, sofern der Bedachte nicht ein Vermögen von mehr als 10'000 oder Einkommen von mehr als 4'000 versteuert	4'200	9'000	19'200	57'000	120'000
Geschwister Freibeträge wie Eltern Kein Zuschlag für Eigenvermögen	4'200	9'000	19'200	57'000	120'000
Dritte Gleiche Freibeträge wie für Eltern und Geschwister. Zudem sind Zuwendungen von Dienstherrschaften zu- gunsten ihrer Dienstboten und von Arbeitgebern zu- gunsten ihrer Arbeitnehmer unter 2'000 steuerfrei. Kein Zuschlag für Eigenvermögen	14'000	30'000	64'000	190'000	400'000

Zuständigkeit für Steuerinventar	Teilungsbehörde Praktisch keine Siegelungen mehr.
Steuerbefreite Institutionen	Zuwendungen zu öffentlichen, gemeinnützigen, kirchlichen und Armenzwecken. Zuwendungen an Unfall-, Kranken- und Pensionskassen.
Unterschiede Erbvorbezug/ Erbschaft/Schenkung	Es besteht ein Unterschied. Erbvorbezug und Schenkung unterliegen der Erb- schaftssteuer nur, wenn sie innert 5 Jahren vor dem Tod des Erblassers ausgerichtet worden sind. Erb- schaften, die im Kanton Luzern angefallen sind, un- terliegen der Erbschaftssteuer immer.
Bewertung der Liegenschaften	Der Steuerwert nichtlandwirtschaftlicher Grund- stücke beträgt etwa 75 % des Verkehrswertes. Bei landwirtschaftlichen Grundstücken liegt der Steuerwert um das 3- bis 12fache unter dem Verkehrswert.

NEUENBURG	50'000	100'000	200'000	500'000	1'000'000
Ehegatten Pro Kind je 5'000 Mit Kindern	1'000	2'500	7'000	27'000	60'000 N
Ohne Kinder	1'000 +3'000	2'500 6'000	7'000 12'000	27'000 30'000	60'000 N 60'000 K
Kein Zuschlag für Eigenvermögen					
Nachkommen Pro Kind je 5'000 Kein Zuschlag für Eigenvermögen	1'000	2'500	7'000	27'000	60'000 N
Eltern Pro Kind je 5'000 Kein Zuschlag für Eigenvermögen	1'000	2'500	7'000	27'000	60'000 N
Geschwister	1'000 +4'500	2'500 9'000	7'000 18'000	27'000 45'000	60'000 N 90'000 K
Kein Zuschlag für Eigenvermögen					
Dritte	1'000 +18'000	2'500 36'000	7'000 72'000	27'000 180'000	60'000 N 360'000 K
Kein Zuschlag für Eigenvermögen					

Zuständigkeit für Steuerinventar	Steuerverwaltung
Steuerbefreite Institutionen	Zuwendungen unter 2'000 an gemeinnützige Institutionen, soziale Institutionen und Werke.
Unterschiede Erbvorbezug/ Erbschaft/Schenkung	Kein Unterschied
Bewertung der Liegenschaften	Es besteht ein Unterschied bezüglich Steuerwert (= Katasterwert) und Verkehrswert.

N = Nachlasssteuer
K = Kantons- und Gemeindesteuer

NIDWALDEN	50'000	100'000	200'000	500'000	1'000'000
Ehegatten	steuerfrei				
Nachkommen	steuerfrei				
Eltern Kein Zuschlag für Eigenvermögen	1'500	3'000	6'000	15'000	30'000
Geschwister Kein Zuschlag für Eigenvermögen	2'500	5'000	10'000	25'000	50'000
Dritte Kein Zuschlag für Eigenvermögen	7'500	15'000	30'000	75'000	150'000

Zuständigkeit für Steuerinventar	Gemeinderat Siegelung soweit zur Sicherung des Inventars notwendig
Steuerbefreite Institutionen	Juristische Personen, die kantonal Kultuszwecke verfolgen. Juristische Personen, die öffentliche oder ausschliesslich gemeinnützige Zwecke verfolgen (die Zwecke müssen zur Hauptsache im Kanton verfolgt werden oder aber im kantonalen Interesse liegen). Sozialversicherungs- und Ausgleichskassen, Einrichtungen der beruflichen Vorsorge. Öffentlich-rechtliche Körperschaften und Anstalten.
Unterschiede Erbvorbezug/ Erbschaft/Schenkung	Kein Unterschied in bezug auf den Steuersatz. Schenkungen bis zu 5'000 innerhalb von zwei Jahren sind steuerfrei.
Bewertung der Liegenschaften	Nach dem Güterschätzungswert = Steuerwert (Vermögen).

OBWALDEN	50'000	100'000	200'000	500'000	1'000'000
Ehegatten	steuerfrei				
Nachkommen	steuerfrei				
Grosskinder	steuerfrei				
Eltern	steuerfrei				
Grosseltern	steuerfrei				
Geschwister	steuerfrei				
Dritte	10'000	20'000	40'000	100'000	200'000

Zuständigkeit
für Steuerinventar

Steuerkommission der Gemeinde
Siegelung soweit erforderlich

Steuerbefreite
Institutionen

Juristische Personen mit öffentlichen oder gemeinnützigen Zwecken

Unterschiede
Erbvorbezug/
Erbschaft/Schenkung

Kein Unterschied

Bewertung
der Liegenschaften

Steuerwert (100 %)

St. Gallen	50'000	100'000	200'000	500'000	1'000'000
Ehegatten	steuerfrei				
Nachkommen 25'000 Bei Schenkungen kein Freibetrag Kein Zuschlag bei Eigenvermögen	468	1'968	7'218	24'937	51'187
Eltern 25'000 Bei Schenkungen kein Freibetrag Kein Zuschlag bei Eigenvermögen	1'562	6'562	24'062	83'125	170'625
Geschwister Kein Zuschlag bei Eigenvermögen	5'250	14'000	42'000	122'500	245'000
Dritte Kein Zuschlag bei Eigenvermögen	9'000	24'000	72'000	210'000	420'000

Zuständigkeit für Steuerinventar	Kantonale Steuerverwaltung unter Mitwirkung der Gemeindebehörden Siegelung nur in wenigen Sonderfällen.
Steuerbefreite Institutionen	Zuwendungen für öffentliche oder ausschliesslich gemeinnützige Zwecke, wenn diese im Kanton St. Gallen oder im allgemeinen schweizerischen Interesse erfüllt werden, bestimmte Zuwendungen an Einrichtungen der beruflichen Vorsorge.
Unterschiede Erbvorbezug/ Erbschaft/Schenkung	Freibeträge werden nur auf Erbschaften, nicht aber auf Erbvorbezug und Schenkungen gewährt.
Bewertung der Liegenschaften	Es besteht grundsätzlich kein Unterschied.
Verschiedenes	Beträgt die Zuwendung (aus Erbschaft oder Schenkung) weniger als 10'000, so wird keine Steuer erhoben.

SCHAFFHAUSEN	50'000	100'000	200'000	500'000	1'000'000
Ehegatten	steuerfrei				
Nachkommen, Adoptiv- und Stiefkinder, Pflegekinder, bei Pflege- verhältnis von mindestens 2 Jahren	steuerfrei				
Eltern, Adoptiv- und Stiefeltern 30'000 frei Kein Zuschlag für Eigenvermögen	500	2'800	9'000	33'500	77'600
Geschwister, Grosseltern 10'000 frei Kein Zuschlag für Eigenvermögen	2'600	7'800	20'800	70'600	158'400
Andere Verwandte aus elterlichem Stamm	3'900	11'700	31'200	105'900	237'600
Verwandte aus gross- elterlichem Stamm 10'000 frei Kein Zuschlag für Eigenvermögen	5'200	15'600	41'600	141'200	316'800
Dritte 10'000 frei Kein Zuschlag für Eigenvermögen	6'500	19'500	52'000	176'500	396'000

Zuständigkeit für Steuerinventar	Erbschaftsbehörde der Gemeinde Mitwirkung der Gemeindebehörden Siegelung soweit vom Gesetz vorgeschrieben
Steuerbefreite Institutionen	Juristische Personen im Kanton Schaffhausen, die in der Schweiz oder im gesamtschweizerischen Interesse ausschliesslich öffentliche, religiöse, erzieherische oder gemeinnützige Zwecke verfolgen: Bund, Kanton, Gemeinden, Personalvor- sorgestiftungen
Unterschiede Erbvorbezug/ Erbschaft/Schenkung	Kein Unterschied
Bewertung der Liegenschaften Geschäftvermögen	nach dem Verkehrswert nach dem Substanzwert, höchstens jedoch Verkehrswert.

SCHWYZ

Als einziger Kanton kennt Schwyz *keine* Erbschafts- oder Schenkungssteuern. Ein Steuerinventar wird wegen der Bundessteuern trotzdem erstellt. Zuständig dafür sind die Vormundschaftsbehörden der Gemeinden.

SOLOTHURN	50'000	100'000	200'000	500'000	1'000'000
Ehegatten	steuerfrei				
Nachkommen	steuerfrei				
Eltern Keine Freibeträge Kein Zuschlag für Eigenvermögen	1'775	4'670	10'000	25'000	50'000
Geschwister Keine Freibeträge Kein Zuschlag für Eigenvermögen	3'549	9'340	20'000	50'000	100'000
Gross- und Schwiegereltern	5'324	14'010	30'000	75'000	150'000
Onkel, Tanten, Nichten, Neffen	7'986	21'015	45'000	112'500	225'000
Dritte Keine Freibeträge Kein Zuschlag für Eigenvermögen	10'648	28'021	60'000	150'000	300'000

Zuständigkeit für Steuerinventar	Präsident der Einwohnergemeinde Siegelung: Bei streitigem Erbrecht, unbekannten Erben, Abwesenheit eines Erben, Gefahr der Beseitigung von Nachlassgegenständen, auf Antrag eines Erben, auf Verlangen der Kantonalen Steuerverwaltung.
Steuerbefreite Institutionen	Juristische Personen, die öffentliche oder gemeinnützige Zwecke verfolgen und die ausschliesslich diesen Zwecken gewidmet sind, mit Ausnahme der Vereine. Ausserkantonale juristische Personen mit Sitz in der Schweiz, die ausschliesslich ausser Kanton Kultuszwecke verfolgen (bei Sitz im Ausland Steuerbefreiung nur, soweit Gegenrecht gehalten wird).
Unterschiede Erbvorbezug/ Erbschaft/Schenkung	Schenkungen und Erbvorbezüge unterliegen einer Schenkungssteuer, die gleich ausgestaltet ist wie die Erbschaftssteuer. Freibetrag von 12'100 pro Zuwendung und Jahr. Schenkungen auf den Todesfall unterliegen der Erbschaftssteuer.
Bewertung der Liegenschaften	Verkehrswert; landwirtschaftliche Gewerbe: Ertragswert.
Verschiedenes	Jeder Nachlass unterliegt einer Nachlasstaxe von 8 bis 12 °/oo des reinen Rücklasses, wenn der Erblasser seinen letzten Wohnsitz im Kanton hatte oder der Erbgang im Kanton eröffnet wurde oder solothurnische Grundstücke oder Rechte an solchen zum Rücklass gehören. Periodische Ausgleichung der kalten Progression für die Steuerbeträge und die Freibeträge.

Tessin	50'000	100'000	200'000	500'000	1'000'000
Ehegatten	steuerfrei				
Nachkommen Bei minderjährigen Nachkommen 20'000 Bei volljährigen Nachkommen 10'000	1'000	2'750	7'250	29'000	74'425
Eltern Kein Zuschlag für Eigenvermögen	1'600	4'400	11'600	46'400	119'080
Geschwister Kein Zuschlag für Eigenvermögen	4'100	9'350	21'850	70'475	171'100
Dritte Kein Zuschlag für Eigenvermögen	12'300	28'050	65'550	211'425	480'000

Zuständigkeit für Steuerinventar
Kantonale Steuerverwaltung (Abteilung Erbschafts- und Schenkungssteuer) Siegelung wird noch vorgenommen.

Steuerbefreite Institutionen
Soziale Werke; Institutionen im öffentlichen Interesse oder mit idealistischen Zwecken im Kanton und in den Gemeinden, allenfalls öffentliche Institutionen mit internationalem Charakter im Kanton oder mit nationalem oder internationalem Charakter mit Sitz in einem anderen Kanton.

Unterschiede Erbvorbezug/ Erbschaft/Schenkung
Kein Unterschied

Bewertung der Liegenschaften
Es besteht ein Unterschied zwischen Steuerwert und Verkehrswert.

THURGAU	50'000	100'000	200'000	500'000	1'000'000
Ehegatten	steuerfrei				
Nachkommen Freibetrag 40'000, Pflege- und Unterstützungsbedürftige 100'000 Kein Zuschlag für Eigenvermögen	105 —	780 —	2'880 1'500	15'180 12'000	33'600 31'500
Eltern Freibetrag 20'000 Kein Zuschlag für Eigenvermögen	690	2'240	6'840	32'640	68'600
Geschwister Kein Zuschlag für Eigenvermögen	2'500	6'000	16'000	70'000	140'000
Dritte Kein Zuschlag für Eigenvermögen	5'000	12'000	32'000	140'000	280'000

Zuständigkeit für Steuerinventar

Inventarbehörde (Notar, Gemeindevertreter, kantonaler Steuerbeamter)

Steuerbefreite Institutionen

Zuwendungen an Stiftungen, Vereine und Anstalten, die vom Regierungsrat steuerfrei erklärt worden sind, sowie an gleichgeartete eidgenössische Institutionen. Bund, Kanton Thurgau und die thurgauischen Gemeinden.

Bewertung der Liegenschaften

Es besteht ein Unterschied zwischen Steuerwert und Verkehrswert bei Liegenschaften, der beträchtlich schwanken kann. Im allgemeinen beträgt der Steuerwert ca. 70 bis 80 % des Verkehrswertes.

URI	50'000	100'000	200'000	500'000	1'000'000
Ehegatten	steuerfrei				
Nachkommen	steuerfrei				
Eltern, Grosseltern, (Personen in aufsteigender Linie)	steuerfrei				
Geschwister, Stiefgeschwister, Stiefkinder, Stiefenkel, Stiefeltern Kein Zuschlag für Eigenvermögen	3'000	7'000	17'000	50'000	100'000
Onkel, Tanten, Nachkommen von Geschwistern Kein Zuschlag für Eigenvermögen	4'500	10'500	25'500	75'000	150'000
Dritte Kein Zuschlag für Eigenvermögen	9'000	21'000	51'000	150'000	300'000
Zuständigkeit für Steuerinventar	Gemeinderat				
Unterschiede Erbvorbezug/ Erbschaft/Schenkung	Kein Unterschied				
Bewertung der Liegenschaften	Steueramtliche Schatzung per Todestag				
Übriges Vermögen	Verkehrswert				
Verschiedenes	Beträgt die Zuwendung (aus Erbschaft oder Schenkung) weniger als 5'000, so wird keine Steuer erhoben.				

Waadt	50'000	100'000	200'000	500'000	1'000'000
Ehegatten Freibeträge bis 50'000 Erbbetrag Kein Zuschlag für Eigenvermögen	–	1'005	3'854	14'295	33'790
Nachkommen Freibeträge bis 50'000 Erbbetrag Kein Zuschlag für Eigenvermögen	–	1'005	3'854	14'295	33'790
Eltern Freibeträge bis 10'000 Erbbetrag Kein Zuschlag für Eigenvermögen	1'749	4'059	9'668	31'445	74'340
Geschwister Freibeträge bis 10'000 Erbbetrag Kein Zuschlag für Eigenvermögen	3'498	8'118	19'338	62'500	125'000
Dritte Freibeträge bis 10'000 Erbbetrag Kein Zuschlag für Eigenvermögen	10'494	24'354	50'000	125'000	250'000

Zuständigkeit für Steuerinventar

Le juge de paix.
Siegelung kann von den Steuerbehörden verlangt werden.

Steuerbefreite Institutionen

Eidgenossenschaft, öffentlich-rechtliche Anstalten des Kantons Waadt; Institutionen mit Sitz im Kanton Waadt, die gemeinnützige Zwecke bzw. solche der Erziehung und Wissenschaft verfolgen; andere Kantone und deren Institutionen im Fall der Gegenseitigkeit.

Unterschiede Erbvorbezug/ Erbschaft/Schenkung

Schenkungen unter 10 000 Franken innerhalb eines Jahres unterliegen nicht der Schenkungssteuer. Sonst gelten die Freibeträge nur für die Erbschaftssteuer.

Bewertung der Liegenschaften

Liegenschaften werden zu 80% des Steuerwerts berechnet.

Verschiedenes

Die Gemeinden sind berechtigt, zusätzlich eine Gemeindesteuer bis zur Höhe der kantonalen Steuer zu erheben.

WALLIS	50'000	100'000	200'000	500'000	1'000'000
Ehegatten Kein Zuschlag für Eigenvermögen	steuerfrei				
Nachkommen Kein Zuschlag für Eigenvermögen	steuerfrei				
Eltern Kein Zuschlag für Eigenvermögen	steuerfrei				
Geschwister Erbanteil unter 2'000 bzw. Schenkungen unter 1'000 jährlich Kein Zuschlag für Eigenvermögen	5'000	10'000	20'000	50'000	100'000
Dritte Erbanteil unter 2'000 bzw. Schenkungen unter 1'000 jährlich Kein Zuschlag für Eigenvermögen	12'500	25'000	50'000	125'000	250'000

Zuständigkeit für Steuerinventar	Richter/Steuerbeamter Siegelung sofern notwendig
Steuerbefreite Institutionen	Zuwendungen an ausschliesslich gemeinnützige juristische Personen, sofern eine zweckwidrige Verwendung ausgeschlossen ist. Bei ausserkantonalen juristischen Personen wird Gegenrecht vorbehalten.
Unterschiede Erbvorbezug/ Erbschaft/Schenkung	Kein Unterschied besteht beim Steuersatz. Der Freibetrag ist bei Erbschaften (2'000) höher als bei Schenkungen (1'000).
Bewertung der Liegenschaften	Für Grundstücke gilt der Katasterwert als Verkehrswert. Der Katasterwert beträgt 40 bis 60 % des Verkehrswertes.
Verschiedenes	Der kapitalisierte Wert einer wiederkehrenden Leistung oder eines Nutzungsrechtes wird abgezogen. Beim Wegfall wird der kapitalisierte Wert beim Eigentümer besteuert.

ZUG	50'000	100'000	200'000	500'000	1'000'000
Ehegatten	steuerfrei				
Nachkommen einschliesslich Stiefkinder	steuerfrei				
Eltern Kein Freibetrag Kein Zuschlag für Eigenvermögen	1'020	2'160	4'680	14'180	33'680
Geschwister Kein Freibetrag Kein Zuschlag für Eigenvermögen	2'040	4'320	9'360	28'360	67'360
Dritte Kein Freibetrag Kein Zuschlag für Eigenvermögen	5'100	10'800	23'400	70'900	168'400

Zuständigkeit für Steuerinventar	Erbteilungskommission der Gemeinde Siegelung kommt praktisch kaum jemals vor.
Steuerbefreite Institutionen	Zuwendungen zugunsten öffentlicher, gemeinnütziger, wohltätiger, kirchlicher, wissenschaftlicher oder künstlerischer Zwecke in der Schweiz. Gleichartige Zuwendungen im Ausland sind steuerfrei, wenn der Zuwendende den Nachweis erbringt, dass die Zuwendung ausschliesslich für einen der privilegierten Zwecke verwendet wird.
Unterschiede Erbvorbezug/ Erbschaft/Schenkung	Kein Unterschied
Bewertung der Liegenschaften	Der Steuerwert ist gleich dem Mittel zwischen Verkehrs- und Ertragswert und liegt ca. 10 bis 25 % unter dem Verkehrswert.
Verschiedenes	Freibetrag von 60'000 für dauernd erwerbsunfähige Personen, deren Einkommen inkl. Einkünfte aus Erbanfall oder Schenkung 12'000 nicht übersteigt.

ZÜRICH	50'000	100'000	200'000	500'000	1'000'000
Ehegatten	steuerfrei				
Nachkommen 100'000 Kein Zuschlag für Eigenvermögen	–	–	3'200	19'600	53'000
Eltern 100'000 Kein Zuschlag für Eigenvermögen	–	–	3'200	19'600	53'000
Geschwister 10'000	3'000	8'400	22'500	75'000	177'900
Dritte Keine Freibeträge Kein Zuschlag für Eigenvermögen	7'800	19'200	48'000	153'600	360'000

Zuständigkeit für Steuerinventar	Steueramt der Wohnsitzgemeinde des Erblassers.
Steuerbefreite Institutionen	Eidgenossenschaft, Kanton Zürich, zürcherische Gemeinden; juristische Personen mit Sitz im Kanton Zürich, die sich öffentlichen Zwecken, Kulturzwecken, Unterrichtszwecken oder gemeinnützigen Zwecken widmen; Ausgleichs- und Sozialversicherungskassen, Stiftungen und Genossenschaften der beruflichen Vorsorge; ausserkantonale Institutionen der vorgenannten Art sofern Gegenrecht gehalten wird.
Unterschiede Erbvorbezug/ Erbschaft/Schenkung	Kein Unterschied
Bewertung der Liegenschaften	Kein Unterschied

ZUSTÄNDIGE BEHÖRDEN

Kanton	Errichtung öffentlicher Testamente	Aufbewahrung von Testamenten	Einreichung/Eröffnung von Testamenten	Ausschlagung/öffentliches Inventar	Erbschein	Siegelung/Sicherungsinventar
Zürich	Notar	Notar	Einzelrichter	Einzelrichter	Einzelrichter	Einzelrichter allenfalls Vormundschaftsbehörde
Bern	Notar	Gemeinderat, Notar	Gemeinderat	Regierungsstatthalter	Gemeinderat, Notar	Gemeinderat
Luzern	Notar	Depositalbehörde	Teilungsbehörde	Teilungsbehörde	Teilungsbehörde	Teilungsbehörde
Uri	Notar	Staats- und Gemeindearchiv	Gemeinderat	Gemeinderat	Zivilstandsbeamter	Gemeinderat
Schwyz	Gemeindeschreiber, Notar, Rechtsanwalt	Vormundschaftsbehörde	Vormundschaftsbehörde	Bezirksgerichtspräsident	Vormundschaftsbehörde	Vormundschaftsbehörde
Nidwalden	Amtschreiber, Amtsnotar, Grundbuchverwalter, Handels- und Güterrechtsregisterführer, Gemeindeschreiber, Anwälte mit Wohnsitz im Kanton	Amtsnotariat	Gemeinderat	Kantonales Konkursamt	Gemeinderat	Einwohner-, Gemeinderat

Kanton	Errichtung öffentlicher Testamente	Aufbewahrung von Testamenten	Einreichung/ Eröffnung von Testamenten	Ausschlagung/ öffentliches Inventar	Erbschein	Siegelung/ Sicherungs- inventar
Obwalden	Kant. Amtsnotar, freie Notare, Gemeindenotare	Gemeindearchiv	Einwohner- gemeinderat	Einwohner- gemeindepräsident/ Obergerichts- kommission	Gemeindeschreiber	Gemeinderat
Glarus	Regierungs- oder Gerichtskanzlei, vom Obergericht ermächtigte Anwälte	Waisenamt	Waisenamt	Zivilgerichts- präsident	Waisenamt	Waisenamt
Zug	Einwohner- oder Gerichtskanzlei	Einwohnerkanzlei	Erbteilungs- kommission der Gemeinde	Kantonsgerichts- präsident	Erbteilungs- kommission der Gemeinde	Einwohnerrat oder Erbteilungs- kommission
Freiburg	Notaire	Notaire	Juge de paix	Président du tribunal d'arrondissment	Juge de paix	Friedensgericht
Solothurn	Notar, Amtsschreiber	Amtsschreiberei	Ammann der Einwohner- gemeinde	Amtsschreiber, Amtsgerichts- präsident	Amtsschreiber	Gemeindeammann, Vormundschafts- behörde, Amtsschreiber
Basel-Stadt	Notar	Erbschaftsamt	Erbschaftsamt	Erbschaftsamt	Erbschaftsamt	Erbschaftsamt
Basel-Land	Bezirksschreiberei	Bezirksschreiberei	Bezirksschreiberei	Bezirksschreiberei	Bezirksschreiberei	Bezirksschreiberei
Schaffhausen	Erbschaftsbehörde	Erbschaftsbehörde	Erbschaftsbehörde	Erbschaftsbehörde	Erbschaftsbehörde	Erbschaftsbehörde

Kanton	Errichtung öffentlicher Testamente	Aufbewahrung von Testamenten	Einreichung/ Eröffnung von Testamenten	Ausschlagung/ öffentliches Inventar	Erbschein	Siegelung/ Sicherungsinventar
Appenzell AR	Gemeindeschreiber	Gemeinderat	Gemeindehauptmann/ Gemeindeschreiber	Gemeinderat	Erbteilungskommission	Gemeinderat
Appenzell AI	Landschreiber oder Bezirksschreiberei	Erbschaftsbehörde	Präsident der Erbschaftsbehörde	Erbschaftsbehörde	Erbschaftsbehörde	Präsident der Erbschaftsbehörde
St. Gallen	Bezirks- oder Gemeindeammann, Gemeinderatsschreiber, Anwalt mit St. Gallischem Patent	Bezirksamt oder Gemeindeamt	Bezirks- oder Gemeindeammann	Bezirksammann	Bezirks- oder Gemeindeammann	Bezirksammann
Graubünden	Kreisnotar	Kreispräsident	Kreispräsident	Kreispräsident	Kreispräsident	Kreispräsident
Aargau	Notar	Gerichtspräsident	Gerichtspräsident	Bezirksgericht	Gerichtspräsident	Gemeinderat, Bezirksgericht
Thurgau	Notar	Notar	Notar	Bezirksgerichtspräsident	Notar	Teilungsbehörde
Tessin	Nataio	Nataio	Pretore	Pretore	Pretore	Pretore
Waadt	Notaire	Juge de paix	Juge de paix	Juge de paix	Juge de paix	Juge de paix
Wallis	Notaire	Notaire	Juge de commune	Juge d'instruction	Juge de commune	Gemeinderichter
Neuenburg	Notaire	Président du Tribunal de district	Président du Tribunal de district	Président du Tribunal de district	Président du Tribunal de district	Président du Tribunal de district

Kanton	Errichtung öffentlicher Testamente	Aufbewahrung von Testamenten	Einreichung/ Eröffnung von Testamenten	Ausschlagung/ öffentliches Inventar	Erbschein	Siegelung/ Sicherungs- inventar
Genf	Notaire	Juge de paix	Juge de paix	Juge de paix	Juge de paix	Juge de paix
Jura	Notaire	Notaire ou conseil communal	Conseil communal	Juge administatif; Recette et administration de district	Conseil communal	Conseil communal und die dazu bezeichnete Behörde

DIE KLAGE IM ERBRECHT

	Wer klagt? Legitimation	Wer wird beklagt?	Klage-Art	Klagegrund	Fristen/Verjährung
Klage wegen Bereicherung ZGB 497/579	Gläubiger des Erblassers	Verzichtende Erben bzw. ausschlagende Erben	Leistungsklage	Benachteiligung der Gläubiger des Erblassers	1 Jahr nach Kenntnis bzw. 10 Jahre nach Entstehung des Anspruches
Ungültigkeitsklage ZGB 519	Erben und Vermächtnisnehmer	Begünstigte aus Verfügungen von Todes wegen	Gestaltungs- und Leistungsklage	Verfügungsunfähigkeiten, Willensmangel, Unsittlichkeit, Rechtswidrigkeit der Verfügung von Todes wegen	1 Jahr nach Kenntnis bzw. 10 Jahre nach Eröffnung; bei Bösgläubigkeit: 30 Jahre; einredeweise immer
Herabsetzungsklage ZGB 522	Pflichtteilsgeschützte Erben	Begünstigte aus Verfügungen von Todes wegen sowie unter Lebenden	Leistungsklage auf wertmässige Wiederherstellung der Pflichtteile	Überschreitung der Verfügungsbefugnis durch den Erblasser	1 Jahr nach Kenntnis bzw. 10 Jahre nach Eröffnung bzw. nach dem Tod des Erblassers; einredeweise immer
Erbschaftsklage ZGB 598	Gesetzliche oder eingesetzte Erben; *nicht* die Vermächtnisnehmer	Besitzer der Erbschaft	Feststellungs- und Leistungsklage	Fehlendes Recht des Besitzenden auf die Erbschaft	1 Jahr nach Kenntnis bzw. 10 Jahre nach dem Tod des Erblassers; bei Bösgläubigkeit 30 Jahre
Teilungsklage ZGB 604	Erben, *nicht* die Vermächtnisnehmer	Die mit der Teilung nicht einverstandenen Miterben	Feststellungs- und ev. Gestaltungsklage	Auflösung der Erbengemeindschaft und Teilung der Erbschaft	Jederzeit möglich

Checkliste für Erblasserinnen und Erblasser

Folgenden Daten sollten Sie griffbereit halten:

■ Wer ist vom Todesfall zu benachrichtigen?
  ☐ Nächste Angehörige/Freunde (Adressliste erstellen)
  ☐ Zivilstandsamt/Bestattungsamt in _____
  ☐ Arbeitgeber/Geschäftspartner
  ☐ Unfallversicherung/Lebensversicherung/Krankenkasse/
    übrige Versicherungen (Adressliste erstellen)
  ☐ Militärische Vorgesetzte
  ☐ Pfarramt
  ☐ Sonstiges (z. B. laufende Zeitungs- und Zeitschriftenabonnemente,
    Mitgliedschaften in Vereinen etc.)

■ Welche Wünsche habe ich betreffend
  ☐ Bestattung
  ☐ Todesanzeige
  ☐ Abdankungsrede

■ Welche Massnahmen sollen kurzfristig bis zur Testamentseröffnung
  getroffen werden (z. B. Anordnung für die Betreuung von Angehörigen, Kindern, Haustieren etc.)

■ Wen empfehle ich meinen Hinterbliebenen als Berater/Beistand?

■ Wo ist was?
  ☐ Persönliche Akten, Briefe etc.
  ☐ Dokumente wie Testament, Erbverträge, Eheverträge etc.
  ☐ Übrige Verträge
  ☐ Versicherungen (alle Versicherungsunterlagen in einen Ordner)
  ☐ Schlüssel
  ☐ Ausweise (Pass, Dienstbüchlein, AHV-Ausweis etc.)
  ☐ Quittungen, Belege, Steuerakten, Mietvertrag etc.
  ☐ Vollmachten für Bank-, Postcheckkonto

■ Wie sind meine Vermögensverhältnisse geordnet?
  ☐ Banken (Sparhefte, Konten, Depots)
  ☐ Wertschriften, Edelmetall
  ☐ Postcheckkonto
  ☐ Grundbesitz
  ☐ Passiven/Verpflichtungen (z. B. Darlehen, Verlustscheine)
  ☐ Bürgschaften
  ☐ Pension oder andere betriebliche Vorsorge-Leistungen

KAPITALISIERUNG EINER NUTZNIESSUNG (4 %)

Alter	Männer	Frauen	Alter	Männer	Frauen
30	21.09	22.19	65	11.52	14.02
31	20.93	22.06	66	11.16	13.64
32	20.77	21.92	67	10.80	13.24
33	20.59	21.79	68	10.44	12.84
34	20.41	21.64	69	10.07	12.43
35	20.23	21.49	70	9.71	12.01
36	20.03	21.34	71	9.34	11.59
37	19.83	21.18	72	8.98	11.15
38	19.62	21.02	73	8.61	10.72
39	19.40	21.85	74	8.25	10.28
40	19.17	20.68	75	7.89	9.84
41	18.94	20.49	76	7.53	9.40
42	18.70	20.31	77	7.18	8.95
43	18.46	20.11	78	6.84	8.51
44	18.21	19.91	79	6.51	8.08
45	17.95	19.71	80	6.19	7.66
46	17.68	19.50	81	5.89	7.24
47	17.41	19.28	82	5.59	6.83
48	17.13	19.05	83	5.31	6.43
49	16.84	18.82	84	5.04	6.05
50	16.55	18.58	85	4.77	5.68
51	16.24	18.34	86	4.50	5.31
52	15.93	18.09	87	4.24	4.96
53	15.62	17.83	88	3.98	4.62
54	15.30	17.56	89	3.74	4.29
55	14.98	17.28	90	3.51	3.98
56	14.65	16.99	91	3.28	3.68
57	14.32	16.70	92	3.07	3.40
58	13.99	16.40	93	2.86	3.13
59	13.64	16.08	94	2.67	2.88
60	13.30	15.76	95	2.49	2.64
61	12.94	15.43	96	2.32	2.42
62	12.59	15.10	97	2.16	2.21
63	12.23	14.75			
64	11.88	14.39			

nach: Stauffer/Schaetzle: «Barwerttafeln» 4. Auflage 1989

Literaturverzeichnis

Druey, J.N.: Grundriss des Erbrechts
3. Auflage 1992, Verlag Stämpfli, Bern

Ehe
Ein Ratgeber aus der Beobachter-Praxis, 5. Auflage 1994
Beobachter-Buchverlag, Zürich

Escher, A.: Kommentar zum ZGB, Bd. III/2 (Art. 537-640), 3. Aufl.,
Zürich 1960

Escher, A.: Kommentar zum ZGB, Bd. III, 3. Aufl., Ergänzungslieferung
zum landwirtschaftlichen Erbrecht, Zürich 1975

Hausheer, H.: Vom alten zum neuen Eherecht, Bern 1986

Küng, M.: Entscheide des Bundesgerichts zum Erbrecht
1991, Verlag Paul Haupt, Bern

Näf-Hoffmann: Das neue Ehe- und Erbrecht im Zivilgesetzbuch,
2. Auflage, Zürich 1989

Piotet, P.: Schweizerisches Privatrecht, Bd. IV/1, Basel 1978

Piotet, P.: Schweizerisches Privatrecht, Bd. IV/2, Basel 1981

Schnyder, B.: Kindesrecht, Suppl. zu Tuor/Schnyder: Das Schweizerische
Zivilgesetzbuch, Zürich 1977

Der Lidlohnanspruch, Brugg 1979
Schweizerischer Bauernverband, Laurstrasse 10, 5200 Brugg

Schweizerische Zeitschrift für Beurkundungs- und Grundbuchrecht,
ZBGR, Wädenswil

Studer, B.: Die Integralzuweisung landwirtschaftlicher Gewerbe nach der
Revision des bäuerlichen Zivilrechts von 1972, Diss., Freiburg 1975

Studer, B.: Die Integralzuweisung landwirtschaftlicher Gewerbe nach der
Revision des bäuerlichen Zivilrechts von 1972, 2. Aufl., Freiburg 1979

Tuor/Schnyder: Das Schweizerische Zivilgesetzbuch, 10. Auflage,
Zürich 1986

Zeitschrift des bernischen Juristenvereins, ZBJV, Bern

ZGB für den Alltag, ausführlich kommentiert und erklärt
1993, Beobachter-Buchverlag, Zürich

Vorbeugen ist besser als streiten

Die Rechte des Patienten – das Thema ist so heikel wie brisant. Zu komplex sind, wo es um die Rechte von Patientinnen und Patienten geht, die aufgeworfenen Probleme. Gesetz und Gerichtspraxis regeln dieses umfassende Kapitel nur ungenügend und lassen viele Fragen offen.

Darf der Arzt eine Behandlung gegen meinen Willen durchführen? Wer entscheidet über mich, wenn ich selbst nicht mehr in der Lage bin? Darf ich meine Krankengeschichte einsehen? Habe ich ein Recht auf meine Röntgenbilder? Welches ist der aktuelle Stand des Rechts zum Thema Abtreibung?

«Patientenrecht» gibt anhand von konkreten Beispielen Antwort auf diese und viele weitere Fragen.

372 Seiten

Älter werden – kein Problem

Was werde ich nach der Pensionierung mit der freien Zeit anfangen? Wie steht es mit den Finanzen? Was passiert, wenn ich krank werde? Wie sieht's aus mit den Beziehungen zu Freunden, zur Familie, zum Partner?

Das sind Fragen, die mit zunehmendem Alter auftauchen. Die Antworten dazu finden Sie im Ratgeber «Leben ab sechzig». Das Buch diskutiert die gesellschaftlichen Probleme des Älterwerdens und zeigt, wie Sie sich optimal auf das neue Leben vorbereiten können und es als erfüllte, aktive Zeit gestalten. Mit sechzig gehören Sie noch nicht zum «alten Eisen»; geniessen Sie das Leben!

202 Seiten

„DER BEOBACHTER IST KÄUFLICH."

Aber nur am Kiosk.

Oder im Abo:

Telefon 155 52 52.

der schweizerische
Beobachter
Gut, gibt es den Beobachter.